중국식 AI혁명의 현장을 가다

발행일 2025년 9월 20일
글·발행처 재단법인 한반도평화만들기
펴낸곳 (주)늘품플러스 펴낸이 전미정 책임편집 전혜영 디자인 윤종욱 최은영
출판등록 2008년 1월 18일 제2-4350호 주소 서울 중구 퇴계로 235, 211호
전화 02-2275-5326 팩스 02-2275-5327 이메일 go5326@naver.com 홈페이지 www.npplus.co.kr

ISBN 978-89-97170-77-7 03340 정가 18,000원

중국 상하이/항저우
리셋코리아와 함께하는
평화 오디세이 2025

PEACE ODYSSEY 2025

한반도평화만들기
KOREA PEACE FOUNDATION

The JoongAng

발간사

'평화 오디세이'가 올해로 출항 10년을 맞았습니다.

우리는 2015년 압록강에서 두만강까지 북·중 접경지대 1400km를 탐방했습니다. 당시 분단 70년을 맞은 우리 민족의 아픔과 강대국이 첨예하게 대립하는 동북아의 긴장을 온몸으로 느끼고, 극복할 방안을 함께 논의했습니다.

2016년 '평화 오디세이'호는 러시아의 극동으로 향했습니다. 고구려와 발해의 유적을 찾았고, 안중근 의사와 독립열사들의 고귀한 헌신을 기렸습니다. 중앙아시아로 강제이주됐던 고려인들의 한(恨)과 상처를 되새겼습니다. 동해를 중심으로 남·북·미·중·일·러가 함께하는 동북아 경제·평화 협력의 미래도 구상했습니다.

2023년 12월 '평화 오디세이'호는 뱃머리를 일본으로 돌렸습니다. 남북 간 긴장이 깊어가는 가운데 동북아 평화의 길을 찾기 위해서였습니다. 유엔사 후방기지인 요코타 공군기지와 요코스카 미7함대 사령부를 둘러보았습니다. 일본 외무성과 방위성, 경단련을 방문해 한·일 협력의 중요성을 확인했습니다. '평화 오디세이 2023'은 한·미·일 3국 협력의 중요성을 재발견한 여정이었습니다.

저는 지난 4월 초 뉴욕타임스 칼럼니스트인 토머스 프리드먼이 화웨이 렌추후 R&D센터를 방문한 뒤 쓴 "나는 미래를 보았다, 미래는 미국에 있지 않았다"라는 제목의 칼럼을 읽고 충격을 받았습니다. 프리드먼은 AI 시대 미·중 양국에게 최선의 미래는 "미국 노동자가 중국 자본 및 기술과 협력해 미국에서 제품을 만드는 것"이라고 주장했습니다. '중국 노동자가 미국 자본, 기술과 협력해 중국에서 제품을 만드는 것'이라는 고정관념을 완전히 뒤엎었습니다. 저는 중국 AI 혁명이 진행되는 현장을 두 눈으로 직접 확인하고 싶었습니다.

올해 6월 발표된 하버드대 케네디스쿨 벨퍼 센터의 '핵심·신흥 기술 인덱스 2025' 보고서에 따르면 한국의 AI 기술 수준은 세계 9위로 평가됐습니다. (반도체 5위, 바이오 10위, 우주 13위, 양자 12위) 한국의 경제와 안보가 첨단기술에 달렸지만, 현실은 이렇게 기대에 미치지 못합니다.

반면 중국 첨단산업의 급성장은 '상전벽해(桑田碧海)'를 실감하게 합니다. '대륙의 실수'라던 조롱이 부메랑처럼 중국의 기술 반격으로 돌아오고 있습니다. 우리가 자만하고, '의대 올인'의 함정에 빠져있는 동안, 그들은 기술 혁신을 통해 굴기(倔起)를 노리고 있었습니다. 2025년 2월의 딥시크(DeepSeek) 쇼크가 결정적 장면입니다.

이것이 '평화 오디세이 2025'호의 목적지를 중국의 상하이와 항저우로 정한 이유입니다. 우리는 중국 경제의 심장 상하이와 혁신의 메카 항저우를 찾아, 세계적 수준의 첨단 AI 기업들을 탐방하고 체험하는 시간을 가졌습니다. 여정에는 한국을 대표하는 각계의 전문가와 오피니언 리더들이 함께했습니다. AI가 제기하는 문명사적 도전과 기회가 한국 사회와 인류 공동체에 던지는 함의에 대해 치열하게 토론했습니다.

이 책은 여정을 정리한 특집 기사와 탐방기, 그리고 현장에서 건져 올린 성찰을 집약한 기록입니다. 독자들은 이 책을 통해 AI가 만들어낼 미래의 가능성을 상상하고, 나아가야 할 방향을 모색하는 귀중한 지혜를 얻으리라 믿습니다.

함께해 주신 모든 분들께 깊은 감사의 뜻을 전합니다. 이 책 발간을 계기로 첨단 분야에서 학문과 산업, 정책과 사회 전반을 잇는 성숙한 공론의 장이 마련되기를 기대합니다.

2025년 가을

홍석현 재단법인 한반도평화만들기 이사장

PEACE ODYSSEY 2025

CONTENTS

PEACE ODYSSEY 2025

리셋코리아와 함께하는 평화오디세이

일정

Day 1

6월 29일 (일)

- 장장 인공지능섬(張江人工知能島)
- 상하이도시계획전시관(上海城市規劃展示館)
- 아이플라이텍(iFLYTEK, 科大訊飛)

Day 2

6월 30일 (월)

- 센스타임(SenseTime, 商湯科技)
- 모쑤공간(Mosu Space, 模速空間)
- 화웨이 롄추후(練秋湖) R&D 캠퍼스

Day 3

7월 1일 (화)

- 저장대학교 즈진강(紫金港) 캠퍼스
- 브레인코(BrainCo, 强腦科技)

Day 4

7월 2일 (수)

- 딥로보틱스(DEEP Robotics, 云深处)

PEACE ODYSSEY 2025

리셋코리아와 함께하는 평화오디세이

현장 르포

현장 르포 ①

'AI 의수' 끼고 피아노 친다… 장애인에 자유 준 '중국 AI쇼크'

중앙일보, 2025년 7월 7일, 종합 1면

중국 AI혁명 현장을 가다 <상>

'바이오닉 핸드'로 불리는 인공 손으로 붓글씨를 쓰고, 악수하는 모습은 충격적이었다. 인공지능(AI)을 기반으로 인공 팔과 다리를 만드는 중국 AI 혁신기업 브레인코에서의 경험이다. 중국에서는 수많은 장애인이 기존의 의족·의수를 벗어던지고 정상적인 사회생활을 하는 세상이 펼쳐지고 있다.

어릴 때 오른손을 잃고 브레인코의 인공 손(바이오닉 핸드)을 장착한 중국 청년이 피아노를 치고 있다. 뇌파 신호를 감지해 손을 조작하는 뇌-컴퓨터 인터페이스(BCI) 기술과 인공지능(AI) 알고리즘 기술이 적용됐다. 인공 다리도 시판되고 있다.

세계 처음으로 바퀴 달린 4족 로봇이 사막을 질주하는 단계로 발전했고, 중국의 전력·소방 시설에 투입되고 있다. 2016년 이세돌을 4대 1로 누른 알파고의 충격은 한국에서 벌어졌는데 천금의 기회는 중국이 잡았다. AI 기술 종합평가에서 한국은 6위로 전락했고, 2위에 오른 중국은 AI를 제조업과 접목하는 AIx의 선도자로 질주하고 있다. 뉴욕타임스(NYT) 칼럼니스트 토머스 프리드먼은 지난 4월 이 같은 AI 기술혁명 현장을 둘러보고 "나는 미래를 보았다. 미래는 미국에 있지 않았다"고 견문록을 썼다.

'평화 오디세이'가 중국 AI 혁명의 현장을 찾았다. 한반도평화만들기 재단(이사장 홍석현중앙홀딩스 회장)이 2015년 닻을 올린 평화 오디세이는 지난달 29일부터 이달 2일 상하이·항저우에서 AI와 제조업의 융합 현장을 돌아봤다. 홍 이사장은 "고종이 근대화가 늦으면서 신사유람단을 일본에 파견한 그 상황을 상기하게 됐다"며 "우리한테 주어진 이 3년 내지 5년의 시간을 활용하지 않는 한 피크 코리아라는 말이 좀 현실화되지 않을까 위기의식을 느꼈다"고 말했다.

오디세이 참관단은 가는 곳마다 한·중 기술격차가 뒤집어지는 것은 한순간이라는 현실을 목도하면서 한국이 첨단 AI 경쟁에서 낙오되지 않는 방안을 모색했다. AI가 미·중 기술 패권 경쟁의 승부처가 되면서 중국에서 AI 혁명은 단순한 기술 발전을 넘어 삶과 산업 전반을 바꿔놓는 거대한 물결이 되고 있다.

항저우의 기존 대표 혁신기업은 알리바바였다. 이 혁신의 씨앗이 중국 전역으로 퍼지더니 상하이·항저우가 포진한 장강(長江) 삼각주는 이제 '디지털 삼각주'로 불리며 중국 AI 혁명의 견인차가 됐다. 미국의 첨단 반도체 통제도 이 물결을 막지 못하는 것으로 보였다. 평화 오디세이가 중국 AI 혁명의 비결을 들여다봤다.

양 팔꿈치 아래로 첨단 의수(bionic hand)를 착용한 남자가 붓을 들었다. 책상에 펼쳐진 화선지에 일필휘지로 '幸福'(행복) 두 글자를 써내렸다. 큰 글자는 물론, 날짜와 이름을 담은 작은 글씨도 섬세하게 표현했다. 바로 옆 키보드 앞에 앉은 남자는 오른쪽에 의수를 착용했다. 언뜻 보면 둔탁한 로봇손 같지만, 성한 왼손의 반주에 맞춰 의수 손가락 하나하나로 멜로디를 제대로 짚어냈다. 연주가 끝나자 옆에서 지켜보던 한 여성이 왼쪽 바지 아래를 걷어올렸다. 허벅지 아래가 첨단 의족이다. 여성이 간단한 설명을 한 뒤 전시장을 따라 걸어갔다가 돌아오는데, 의족을 착용한 티가 전혀 나지 않았다.

양손을 잃고 브레인코의 스마트 인공 손을 착용한 남성이 한비청 CEO 옆에서 붓글씨를 쓰고 있다.

지난 1일 오후 방문한 항저우(杭州)의 대표적 신경과학 스타트업 브레인코(Brainco) 본사 전시장에서 펼쳐진 장면이다. 브레인코는 2015년 미국 하버드대 뇌과학센터의 중국 박사 과정 학생 한비청(韓璧丞·38)이 뇌-컴퓨터 인터페이스(BCI·Brain computer interface) 기술로 창업한 기업이다. 세계 최초로 몸을 절개하지 않는 비침습식 BCI 기반의 스마트 의수를 개발했다.

본사는 원래 미국 보스턴에 있었지만, 2018년 중국 정부의 딥테크 기업 유치 작전 끝에 '알리바바의 고장' '중국의 실리콘밸리'로 유명한 항저우로 이사했다. 2019년 시사주간 타임이 선정한 '100대 발명품'에 올랐고, 이듬해 미 식품의약국(FDA)의 인증도 획득한 뒤 양산에 들러가 전 세계에 판매하고 있다. 브레인코는 헤어밴드 형태의 뇌파 조절 장치를 통해 집중력 저하와 스트레스를 관리하는 웰니스(건강 관리) 제품뿐 아니라 자폐증·알츠하이머 치료 제품들도 개발 중이다. 브레인코의 2023년 매출은 1100만 달러(약 150억원)로, 지난해 1분기 매출이 2023년 한 해 매출을 넘어서며 급성장하고 있다.

기존에도 스마트 의족·의수 기업이 없었던 건 아니다. 하지만, 브레인코는 절단된 팔과 다리의 근육에서 발생하는 전기 신호를 이용하는 기존 근전도(EMG) 기술에 첨단 BCI와 인공지능(AI) 알고리즘 기술을 더했다. 뇌파 신호를 감지하는 방식을 이용해 생각·의지만으로 자연스럽게 손과 다리를 조작할 수 있다는 게 차별점이다. 또한 사용자의 근육과 신경 신호 패턴을 AI가 학습해 시간이 갈수록 점점 더 개인화된 동작반응을 할 수 있게 된다. 바이오닉 핸드의 경우 하나의 무게가 성인 남자의 손과 비슷한 530g에 불과하다. 휴지나 명함은 물론, 감자칩을 집어낼 정도로 움직임이 정교하다. 2023 항저우 아시안 장애인올림픽 개막식에서, 브레인코의 의수를 착용한 수영 선수가 성화를 점화하는 장면을 통해 전 세계인의 이목을 끌기도 했다.

브레인코의 스마트 의수는 휴머노이드 로봇에도 공급된다. 브레인코와 함께 주목받고 있는 '항저우 6소룡(小龍)' 중 한 곳인 유니트리에 로봇손을 공급하고 있다. 브레인코는 현재 직원 300여 명에 누적 투자유치가 4억 달러(약 5450억원)에 달한다. 내년 말까지 홍콩 또는 미국 증시에 상장하는 것을 목표로 하고 있다. 한비청 대표는

"스마트 의수를 사용하면 그림 그리기 등 손으로 하는 모든 일을 할 수 있다"며 "10년 이내 100만 명의 장애인을 사회로 돌아오게 한다는 게 브레인코의 모토"라고 말했다.

현장 르포 ②

장애물도 모래밭도 거침없다, 인간 넘은 AI 4족 로봇

중앙일보, 2025년 7월 7일, 종합 5면

중국 AI혁명 현장을 가다 <상>

"우와." "와." "쇼킹!"

지난 2일 중국 저장성 항저우에 자리 잡은 딥로보틱스 본사 건물에 들어선 평화 오디세이 참관단은 탄성을 감추지 못했다. 다리 끝에 발 대신 바퀴가 달린 4족 로봇이 뒷마당을 종횡무진 달렸다. 철제 계단 앞에 서더니 바퀴를 발처럼 들어 계단을 올라갔다. 바퀴가 빠져서 헛돌 수밖에 없는 모래밭에서도 바퀴가 다리처럼 걷고 뛰었다. 딥로보틱스가 지난해 11월 공개한 바퀴형 4족 로봇 링스(Lynx)의 모습이다. 아이 키만 한 장애물을 만나면 뒷다리로 바닥을 딛고 순식간에 올라섰다. 사람이 발로 차도 넘어지지 않고 균형을 잡는 건 기본이다. 백서인 한양대 중국지역통상학과 교수는 "링스는 인공지능(AI)을 이용해 산이나 사막 평지 등 지형에 최적화된 방법으로 달린다"며 "이렇게 아무 곳에서나 작동되는 4족 로봇을 만드는 회사는 전 세계에 딥로보틱스밖에 없다"고 평가했다.

장소의 벽을 넘어서고, 인간의 물리적 능력을 넘어서는 이 4족 로봇을 만든 딥로보틱스는 2017년 설립된 스타트업이다. 그런데 2018년 4족 로봇을 출시했고 중국 전역에서 4족 로봇 완제품을 공급하고 있다. 이런 성과를 가능하게 한 것은 중국의 투자 환경이다. 아이

딥로보틱스의 바퀴형 4족 로봇 링스(Lynx)가 80㎝ 높이의 장애물에 올라서고 있다.

디어만 있으면 투자를 받을 수 있고, 제품이 시장에 팔리면서 인재도 몰려든다. 직원 300명 중 연구개발 인력이 60%를 차지한다. 고부가가치 첨단기업이기 때문이다.

딥로보틱스는 대학에서 시작한 벤처기업으로 출발했다. 중국의 첨단 AI 기업들 상당수가 연구개발에 머물지 않고 기술을 사업화하고 있는데 이 회사도 마찬가지다. 딥로보틱스 주추궈(朱秋國·43) 최고경영자(CEO)는 딥시크 창업자 량원펑을 배출한 저장대 교수다. 한국에선 아이디어가 있어도 결국 기술을 사업화하지 못하는 경우가 많다는 점에서 중국 스타트업의 성장은 한국 전문가들에겐 놀라운 모습이다. 정유신 서강대 경영전문대학원 교수는 "사업 기술화가 이렇게 빠르게 진행되는 것은 놀랍다"고 했다.

딥로보틱스는 2018년 4족 로봇을 출시한 이후 산업에 넓게 응용하는 제품을 출시하고 있다. 에너지·응급·경비 분야에서는 독보적이다. 중국 내 소방 분야 시장 점유율은 90%다. 전력 분야는 85%에 이른다. 이정동 서울대 공학전문대학원 교수는 "이 분야는 한국에선 지금도 사람이 관리한다"고 말했다.

중국은 이제 한국을 제품 판매시장으로 보고 있다. 뤄좐화(羅駿花) 해외영업총괄은 "어제 한국 출장을 다녀왔다"면서 "한국 영업에 큰 기대를 걸고 있다"고 말했다. 한국은 로봇 이용률이 높아 큰 시장이 될 수 있다는 기대감으로 들렸다. 딥로보틱스는 해외시장에도 본격적으로 진출해 40여 개국에 영업망을 갖췄다. 싱가포르에서 전력시설 순찰 프로젝트를 수주하면서 한국을 비롯해 아시아·태평양으로 시장을 넓혀가기로 했다.

더욱 놀라운 것은 딥로보틱스가 해마다 기술 장벽을 돌파하고 있는 사실이다. 엄윤설 에이로봇 대표는 "생성형 AI가 혁신 속도를 높이고 있다"고 했다. 2족 로봇의 제품화에도 나선 딥로보틱스는 의료 응급용 로봇, 사람과 교감하는 로봇, 지진 상황에 투입하는 로봇 개발에도 착수했다. 차이나모바일과 협력해 사람의 기분을 파악해 서비스하고 요양을 돕는 로봇도 머지않아 내놓을 계획이다. 김진호 단국대 정외과 교수는 "AI 혁명의 충격적 현장이었다"고 말했다.

BrainRobotics

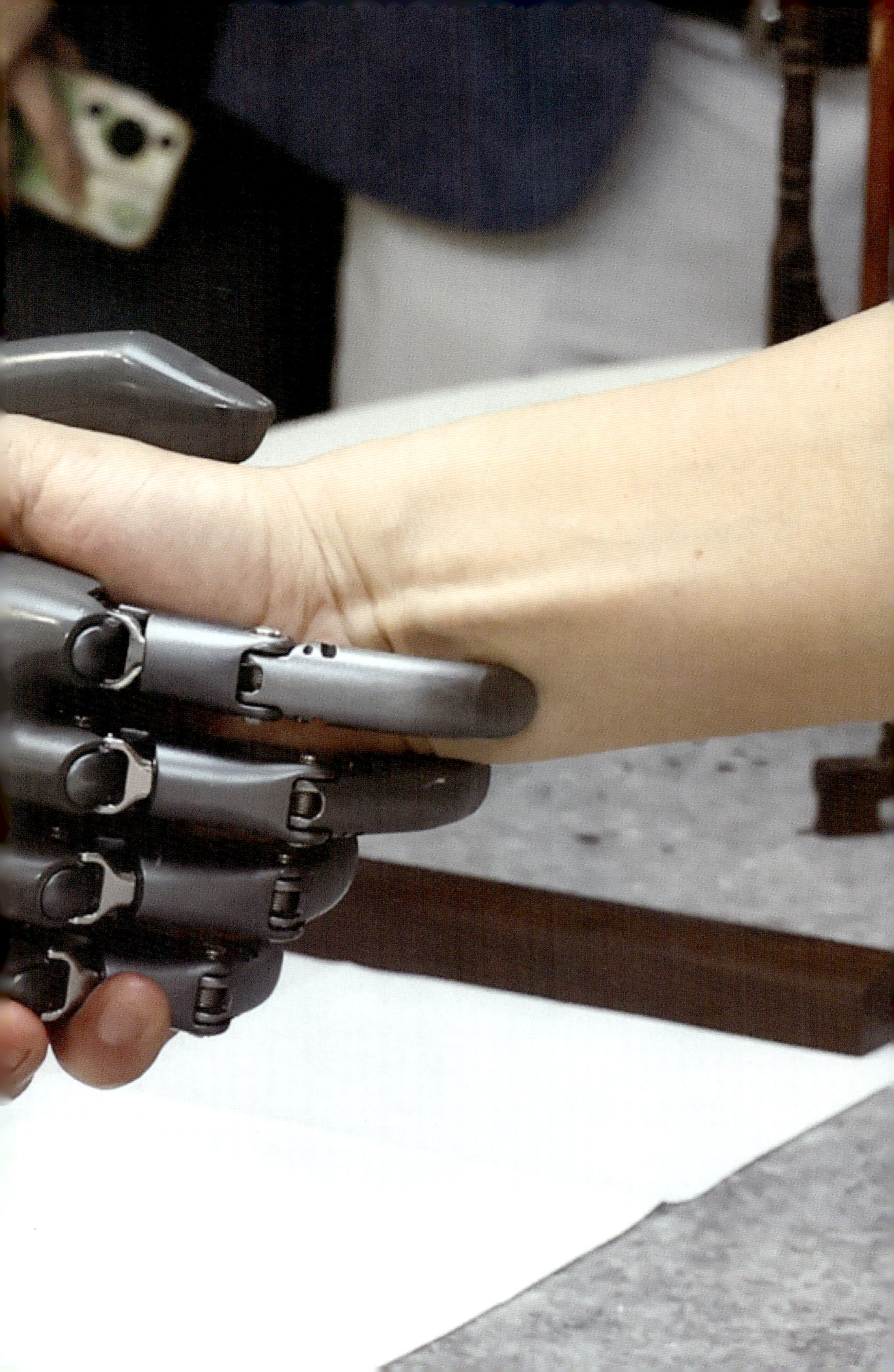

현장 르포 ③

'AI 의수' 만든 한비청 대표 "KAIST서 뇌·컴퓨터 기술 배웠다"

중앙일보, 2025년 7월 7일, 종합 4면

한비청 브레인코 대표 인터뷰

한비청 브레인코 대표는 조선족이 많은 헤이룽장성(黑龍江省) 무단장 출신으로, 학부를 한국과학기술원(KAIST) 기계공학과에서 공부한 지한파다. 2007년 입학해, 2011년 8월 학부를 졸업한 뒤, 미국으로 건너가 하버드에서 박사학위를 마쳤다. 한 대표는 이날 방문단에 함께 온 이광형 KAIST 총장을 반갑게 맞아 눈길을 끌었다. 그는 방문단 앞에서 직접 일문일답을 하면서 한국과의 인연을 강조했다.

한비청(오른쪽) 브레인코 대표가 평화오디세이 방문단 일행으로 찾아온 이광형 KAIST 총장을 반갑게 맞았다.

Q KAIST에서 지낸 학부 시절을 어떻게 기억하나.

A 학부 시절은 내 인생에서 가장 어려웠던 시기였다. 당시 지도 교수와 주변 분들이 많이 도와주셨다. 학부 시절 다국적 연구 실험 프로젝트에 참여하면서 BCI 기술을 처음 접했고, 그게 인연이 돼 대학원을 하버드대로 진학할 수 있었다. KAIST는 그 시절에도 휴보라는 이름의 아시아 최고 수준의 휴머노이드 로봇이 있었다. BCI 관련 R&D 수준도 매우 높아 앞으로 브레인코와 협업할 부분이 많다.

(한 대표는 과거 중국 매체와 인터뷰에서 고교 시절 전국 생명공학경시대회에서 1등을 차지해, 해외 우수 이공계 인재 프로그램을 통해 KAIST에 입학하게 됐다고 밝힌 바 있다.)

Q 바이오닉 핸드는 시장에서 살 수 있는 제품인가.

A 중국에선 10만 위안(약 1900만원)에 판매되고 있다. 미국과 유럽에도 진출했다. 한국에서도 판매가 돼 장애인들의 도움이 될 수 있기 원한다.

Q 한국과 협업할 계획이 있나.

A 한국은 산업용 로봇뿐 아니라 휴머노이드 로봇도 굉장히 발달했다고 들었다. 향후에 한국 기업과 협력할 수 있으면 좋겠다.

洪錫鉉会長

현장 르포 ④

축구장 225개 면적서 2.4만명 연구…
화웨이 AI, 이렇게 크고 있다

중앙일보, 2025년 7월 8일, 종합 1면

중국 AI혁명 현장을 가다 〈중〉

중국 상하이 도심에서 차로 1시간 거리에 위치한 외곽 지역 칭푸(青浦)구. 여의도 절반 크기(1.6㎢)로 조성된 한 호숫가 부지 위로 2량짜리 빨간색 트램이 승객들을 싣고 호수 주변을 오갔다. 축구장 225개 넓이에 배치된 다채로운 외관의 건물들 사이로는 보행로와 함께 잔디밭이 시원하게 펼쳐졌다.

겉보기에는 대학 캠퍼스나 미니 신도시를 떠올리게 하는 이곳은

중국 화웨이 '롄추후 연구개발센터'

전체 면적 축구장 225개 (상암 월드컵 축구 경기장 기준)

중국 상하이 칭푸(青浦)구에 위치한 화웨이의 '롄추후(練秋湖) 연구개발(R&D) 센터'. 축구장 225개 규모(1.6㎢)부지에는 무선통신, 반도체, 클라우드 등 핵심 기술 연구단지가 들어섰다.

사진=구글 캡처

실상 미·중 기술 패권 다툼의 최전선이자 2만4000명에 달하는 중국 최고 두뇌들이 모인 중국 반도체 기술의 심장부다. 우아한 건물은 고급 호텔에 들어선 듯한 착각을 일으킨다. 뉴욕타임스(NYT)에 실린 "미래는 미국에 있지 않았다"는 칼럼으로 세계의 이목이 집중된 곳, 화웨이의 '롄추후(練秋湖) 연구개발(R&D) 센터'다.

중국 상하이 칭푸(青浦)구에 위치한 화웨이의 '롄추후(練秋湖) 연구개발(R&D) 센터'. 축구장 225개 규모(1.6㎢) 부지에는 무선통신, 반도체, 클라우드 등 핵심 기술 연구단지가 들어섰다.

2018년부터 본격화된 미·중 무역전쟁에도 화웨이는 살아남아 진화하고 있었다. 지난해에는 보란듯이 역대 둘째로 높은 175조원의 매출을 올렸다. 스마트폰·전기차·인공지능(AI) 분야의 성장세를 놓치지 않고 뛰어들어 성과를 냈다. 미국의 전방위 제재에도 '자체 기술력 확보'에 집중한 덕분이다.

지난달 30일 '평화 오디세이'가 찾은 롄추후 R&D 센터는 여전히 기술 굴기가 한창이었다. 센터 내 거리에는 '2025 플래그십 휴대폰 혁신대회' 개최를 알리는 안내판이 눈길을 끌었다.

사무실에선 반팔과 반바지를 입은 직원들도 눈에 띄었다. 화웨이 관계자는 "평균연령이 31.6세로 젊지만 직원의 78%가 석·박사 학위를 소지하고 있다"며 "무선통신, 반도체, 컴퓨팅, 제품 개발 등 다양한 사업 부문이 한데 모여 다각화된 연구 생태계를 형성하고 있다"고 설명했다.

화웨이 롄추후 R&D센터는 쾌적한 근무 환경을 위해 우아한 경관과 카페 등 편의시설 확충에도 중점을 두고 설계됐다. 연구원들은 호수를 중심으로 8개 역을 순환하는 트램을 이용해 단지 내를 이동한다.

전 세계 AI 혁명을 주도 중인 미국 엔비디아는 최근 2년 연속 화웨이를 경쟁사로 지목했다. 현재 엔비디아는 반도체칩 설계 기업을 넘어 AI 인프라 기업으로의 변신을 꾀하고 있다. 첨단산업의 열쇠로 떠오른 AI 관련 기술·장비·서비스 시장을 선점하려는 전략이다. 이에 대응해 세계 최대 통신장비 업체인 화웨이도 발빠르게 움직이고 있다.

화웨이는 이미 다양한 분야에서 AI 전환을 주도하고 있다. 상하이 루이진 병원의 AI 보조 진단 시스템, 선전 항만의 무인 컨테이너 트럭, 사우디아라비아 태양광발전소의 AI 인버터 등이 대표적이다. 화웨이 관계자는 "AI를 실생활에서 구현하는 핵심은 네트워크 기술"이라며 "이 분야에서 화웨이는 세계 1위 경쟁력을 갖췄다"고 말했다.

미국 제재의 직격탄을 맞은 반도체 분야도 자신감을 드러냈다. 중앙처리장치(CPU)와 신경망처리장치(NPU) 2개를 결합한 신형 AI

가속기, 122테라바이트(TB) 용량의 저장장치(SSD), 방열 성능을 높인 쿨링팬 등을 잇따라 소개했다. 모두 AI 서버 구축에 필수적인 제품들로, 화웨이는 자체 설계와 개발을 거쳤다고 밝혔다.

직접 제품을 살펴본 박재근 한양대 융합전자공학부 교수는 “화웨이가 자국 기업과 함께 독자적인 반도체 생태계를 구축하려는 움직임이 위협적이다”고 말했다. 앞으로 한국이 대중국 반도체 수출 감소는 물론, 글로벌 시장에서 기술력과 가격 경쟁력을 갖춘 중국 반도체 제품과의 경쟁에 직면할 수도 있다는 의미다.

화웨이는 생존 비법을 R&D 수치로 제시했다. 전체 직원 20만 8000명 중 55%가 R&D 인력, 지난해 매출액 대비 R&D 투자 비중은 20.8%다. 삼성전자(11.6%)와 SK하이닉스(7.5%)를 크게 웃돈다. 전체 R&D 비용의 3분의 1은 수학·물리학·화학 등 순수 기초 이론 분야에 투자한다. 주완 김앤장 변호사는 “한국은 투자뿐만 아니라 연구 환경도 더 불리하다”며 “주52시간제에 발목 잡힌 한국의 R&D 현실이 떠올랐다”고 우려했다.

한국이 ‘AI 3대 강국’을 목표로 한다면 AI 인프라에 대한 준비가 시급하다는 지적도 나왔다. 최현만 전 미래에셋증권 회장은 “중국은 응용 생태계와 인프라 측면에서 압도적인 규모와 속도를 보여주고 있다”며 “이제는 기업들이 AI를 산업에 어떻게 접목시키느냐에 따라 사라지거나 거대 기업으로 바뀌어갈 것”이라고 말했다.

현장 르포 ⑤

미국 제재, 창업자 사망에도… 더 강해진 안면인식 최강 '센스타임'

중앙일보, 2025년 7월 8일, 종합 4면

중국 AI혁명 현장을 가다 〈중〉

"AI(인공지능), 도구의 혁명인가 아니면 혁명의 도구인가?"

중국 AI 업계의 전통 강자인 센스타임(중국명, 상탕커지·商湯科技)의 공동 설립자이자 최고경영자(CEO)인 쉬리(徐立)가 평화 오디세이 참관단과의 간담회에서 던진 화두다. 그의 결론은 '혁명의 도구'다. 증기(산업혁명)·전기(공업혁명)·인터넷(정보혁명)이 그랬듯 AI가 인류의 삶을 송두리째 바꿀 것이라는 얘기다.

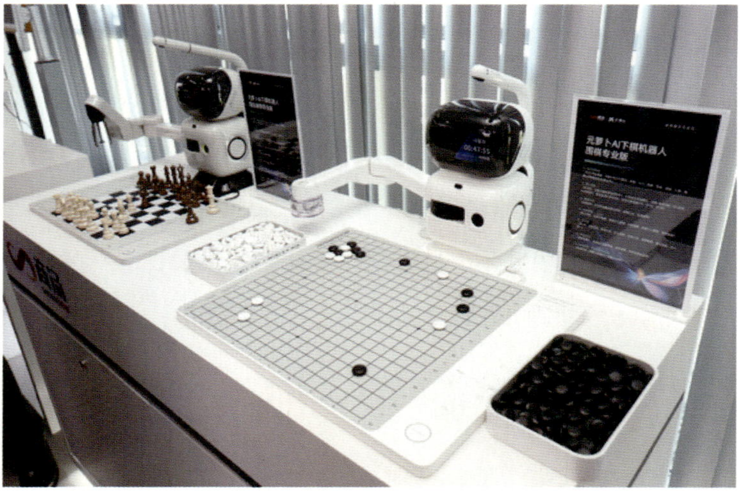

중국 AI 업계의 전통 강자인 센스타임이 안면 인식 기술의 강점을 살려 생성형 AI 회사로의 변신을 서두르고 있다. 센스타임이 개발한 체스와 바둑 로봇.

윤태성 KAIST 교수는 이를 "이전 단계 혁명에서는 뒤졌지만, AI 혁명에선 결코 서방에 뒤지지 않겠다는 중국 지식인들의 인식을 보여준다"고 해석했다. 그는 "공산당 건국 100년이 되는 2049년, 미국을 능가하는 세계 최고 강국이 되겠다는 게 그들의 꿈"이라며 "AI를 혁명적 과업을 달성하는 수단으로 보고 있다"고 말했다. 중국 AI는 시진핑(習近平) 주석의 '중국몽(中國夢)'과 연결된다는 지적이다.

센스타임은 안면 인식 분야 세계 최강 기업이었다. 그러나 챗GPT·딥시크 등 생성형 AI 회사가 주류로 자리 잡으면서 뒷방으로 밀리는 모습이었다. 두 차례에 걸친 미국의 제재, 2023년 공동 창업자 탕샤오어우(湯曉鷗)의 사망 등으로 위기를 겪기도 했다. 방문 길 오디세이 참관단을 태운 버스 안에서 "센스타임 아직 살아 있어?"라는 농담이 나오기도 했다.

살아 있었다. 그것도 아주 강력한 존재로 변신하고 있었다. 생성형 멀티모달 '센스노바(SenseNova, 중국명 日日新)'가 주역이다. 쉬리 CEO는 "우리의 강점인 시각 기반 안면 인식 기술은 생성형 AI 시대에 더 빛을 발하고 있다"며 "이미지 인식에 강한 센스노바는 이미 업계 선도 주자로 자리매김하고 있다"고 말했다. 바이두·알리바바·화웨이 등과 멀티모달 분야 선두권을 지키고 있다. 참관단 사이에서 '센스타임, 살아 있네~'라는 소리가 흘러나왔다.

중국의 10대 AI 산업파크

1	베이징 중관춘 AI 산업 파크	-LLM 개발, 반도체 설계
2	상하이 장장(張江) AI 아일랜드	-의료 AI, 장강 삼각주 DB 허브
3	선전 난산(南山) 지식 파크	-로봇, 드론, 스마트 단말기
4	항저우 미래 과기단지 AI 밸리	-로봇, 스마트 시티
5	쑤저우공업원구 AI 산업 파크	-제조 AI, 지능형 음성서비스
6	청두 텐푸(天府) 소프트단지 AI 기지	-행정 AI, 문화여행 AI
7	광저우 파저우(琶洲) AI 실험구	-자율주행, 자동결제
8	우한 광구(光谷) AI센터	-자율주행, 게임 AI
9	난징 장베이신취(江北新區) AI 과기단지	-제조 AI, 로봇
10	시안 실크로드 SW 단지 AI 파크	-위성 AI, 보안시스템

2014년 설립된 센스타임은 업계 기준으로는 이미 '노년'에 접어든 나이이다. 그러나 여전히 빠르다. 센스노바의 경우 2024년 4월 첫 번째 버전(V1)이 나온 후 평균 3~4개월 만에 업그레이드 버전을 내놓고 있다. 금융·의료·제조(로봇) 등 분야를 빠르게 파고들고 있다.

센스타임의 또 다른 역점 분야는 클라우드 서비스다. 이를 위해 그래픽처리장치(GPU) 5만 개를 확보한 것으로 알려졌다. 'GPU를 추가 확보하는 데 어려움은 없느냐?' (박재근 한양대 교수)는 질문에 쉬리 CEO는 이렇게 답한다. "GPU는 저울로 무게를 달아 파는 과일과는 다르다. 저희는 소프트웨어 인력을 투입해 로직 최적화를 하고 있다. 다양한 제조사의 GPU를 소프트웨어 기술로 업그레이드 하고 있다." 미국의 대중국 GPU 제재에 대한 그들만의 돌파 전략인 셈이다.

센스타임에 이어 방문한 아이플라이테(중국명 커다쉰페이·科大訊飛)도 유사한 과정을 밟으며 발전하고 있다. 이 회사는 음성 인식 분야 글로벌 강자였지만 생성형 AI 시대에 들어 밀리는 듯했다. 그러나 아니었다. 이 회사 역시 멀티모달 '스파크 데스크'를 바탕으로 의료·금융·교육 등 적용 분야 범위를 넓혀가고 있다. 중국 AI 업계는 지금 춘추전국시대를 방불케 한다. 치열한 경쟁 속에 업계 '노병'들은 생사를 건 '변신 투쟁'을 벌이고 있다. 이경일 솔트룩스 대표는 "그 변화의 끝이 궁금하고, 또 두렵다"고 말했다.

현장 르포 ⑥

"중국서 대학 자율성 부러워할 줄이야"… 딥시크 탄생의 힘

중앙일보, 2025년 7월 8일, 종합 5면

중국 AI혁명 현장을 가다 〈중〉

"딥시크는 왜 항저우(杭州)에서 나왔을까?"

평화 오디세이 항저우 일정은 이 문제의 답을 찾는 여정이었다. 저장성(浙江省) 성정부 방문에서는 '지원하지만 간섭하지 않는다'는 정책을 확인했고, 항저우 '6소룡(六小龍)' 기업인 브레인코와 딥로보틱스 방문에서는 청년 기업가의 창업 열기를 느낄 수 있었다.

마지막 퍼즐은 저장대에서 맞출 수 있었다. "딥시크 CEO 량원펑(梁文鋒)을 배출한 학교입니다. AI 창업 인재를 키우는 저장대만의 비법이라도 있는 건가요?" 정유신 서강대 경영전문대학원 교수의 질

평화오디세이 방문단이 저장대를 찾아 간담회를 진행했다.

문에 아이니(艾妮) 국제교류처 부처장은 "혁신과 기업가 정신을 위한 ITP(Intensive Training Program)반을 주목할 필요가 있다"고 답했다. 량원펑 역시 이 프로그램 졸업생이란다.

ITP반은 저장대에서도 최고 인재들이 모인다는 주커전(竺可楨) 컬리지에 1999년 설립된 창업 지원 프로그램이다. '혁신창업경영강화반'이라는 이름을 갖고 있다. 아이 부처장은 "매년 비(非)경영학과 2학년 학생을 대상으로 50여 명 정도 선발한다"며 "창업과 기업 경영을 위한 특별 교육이 실시된다"고 말했다.

'미래 CEO반'이라는 별명답게 굵직한 기업인을 많이 배출했다. 전자정보공학과 학생 량원펑을 비롯해 역시 항저우 '6소룡' 중 하나인 매니코어(췬허커지·群核科技) 설립자 황샤오황(黃曉煌), 테무의 모회사인 핀둬둬(拼多多) 설립자 황정(黃崢), 중국 최고의 AI 데이터 서비스 회사인 MR테크의 팡이(方毅) 등이 모두 이 과정을 밟았다.

중국 대학의 자율화 정도가 화제에 올랐다. "학교 정원은 누가 어떻게 정합니까"라는 질문에 아이 부처장은 "전체 인원수는 교육부가 정하지만, 학사 운영은 산업 수요에 맞춰 최대한 대학이 자율적으로 정한다"고 답했다. 아이 부처장은 그 사례로 올해 시작된 특별반 과정인 'AI+X'를 예로 든다.

이 과정은 비(非) AI 학과 학생들에게 AI 지식을 가르친다. 행정학과 학생이 AI를 배우고, 교육학을 전공하는 학생이 AI를 공부하는 식이다. 상하이의 푸단(復旦)대 학생들도 저장대에 와서 'AI+X' 특별반 수업을 들을 수 있다. 장강(長江) 삼각주를 포함해 중국 중부 해안 지역을 일컫는 화동(華東)지역 5대 명문인 저장대·푸단대·난징(南京)대·상하이교통대·중국과기대 등이 같은 특별반을 개설하고, 상호 학점을 인정한다. "정원을 늘리지 않고도 필요 인재를 양성한다"는 설명에 백서인 한양대 중국지역통상학과 교수는 "이 정도면 대학 자율의 '끝판왕' 수준"이라고 말했다.

우리 실정은 어떨까. 김용학 전 연세대 총장은 "참기름을 수의 계약했다고 감사원 지적 받고, 교육부 허가 없이 커피를 팔았다고 지적 받는 게 한국 대학의 현실"이라며 "이런 분위기에서 어떻게 AI 인재를 배출하겠는가"라고 반문했다. 각종 규제 탓에 우리 대학은 산업 수요에 능동적으로 대응하지 못하고 있다는 지적이다. 그러는 사이 고등학교 인재는 앞다퉈 의대만 바라본다.

이정동 서울대 공학전문대학원 교수는 간담회 회의장을 빠져나오며 "사회주의 나라 중국에 와서 그들의 대학 자율성을 부러워하는 건 아이러니가 아닐 수 없다" 말했다. 저장대 방문을 마치고 호텔로 돌아오는 버스 분위기는 무거웠다.

네이처 인덱스 글로벌 대학(연구기관) 순위

순위	국가	대학(연구기관)
1	중국	중국과학원
2	미국	하버드대
3	중국	중국과기대
4	중국	저장대
5	중국	베이징대
6	중국	중국사회과학원
7	중국	칭화대
8	중국	상하이교통대
9	중국	닌징대
10	독일	막스플랑크 소사이어티
⋮		
52	한국	서울대
82	한국	KAIST

※ 2025년 3월, 연구실적 기준
자료: 네이처 인덱스

云深处
X30

技欢迎您

현장 르포 ⑦

딥시크 뒤엔 산·관·학 삼각연대… 중국, 이미 AI+로봇 향해 뛴다

중앙일보, 2025년 7월 9일, 종합 1면

중국 AI혁명 현장을 가다 〈하〉

"이들 제품은 국민을 행복하게 만들어 과학기술 혁신의 의의와 가치를 잘 보여줬다. 기업이 제품의 연구개발과 응용에 더욱 힘을 써 국민에게 봉사하길 희망한다."

리창(李强) 중국 국무원 총리가 2023년 10월 9일 항저우를 찾아 인공지능(AI) 의수를 만드는 브레인코의 한비청(韓璧丞) 대표를 격려하며 한 말이다. 리 총리는 현장에서 AI의 가능성을 확인했다. 그 결과가 지난해 정부업무보고에서 발표한 AI 플러스 전략이다. 실생활에 밀착한 AI 기업의 창업을 독려하는 진군의 나팔 소리였다.

올해 1월 20일 리 총리는 다시 트럼프 미국 대통령 취임식에 맞춰 량원펑(梁文鋒) 딥시크 창업자, 런사오보(任少波) 저장대 당 서기 등을 중난하이로 초대했다. 올해 정부업무보고의 초안을 검토하는 전문가 좌담회였다. AI 최전선에서 인재를 키우고 기술을 개발하는 전문가들의 생생한 목소리가 국정 책임자에게 전달됐다. 관영 매체는 이날 규제보다 도전을 강조하는 유연한 정책과 세계 일류의 기업 환경 조성 방안이 논의됐다고 보도했다.

같은 날 딥시크는 알고리즘의 혁신을 자랑하는 R1 모델을 발표하며 총리에게 화답했다. 이 여파로 시장에서는 세계 1위 그래픽처리장치(GPU) 제조사인 엔비디아의 주가가 휘청거렸다. AI 플러스 전략을 발표한 지 1년도 되지 않아 '딥시크 모멘트'로 결실을 본 순간이다. 배후에 중앙과 지방 정부, 혁신기업, 대학이 한 몸처럼 움직인 산·관·학 삼각 연대가 있었다. 중국의 AI 플러스 전략은 계속 진화 중이다. 리 총리는 올해 3월 정부업무보고에서 '구신지능(具身智能)'이라며 '피지컬 AI'를 강조했다.

전략적 신흥산업의 융합 발전과 클러스터 발전을 내세우면서 휴머노이드 로봇 산업과 인공지능을 비빔밥처럼 비볐다. AI 기술을 물리적 세계에서 구현하는 '피지컬 AI'를 바이오, 퀀텀(양자), 6G와 동급으로 육성하겠다고 했다. '평화 오디세이'가 상하이와 항저우에서 확인한 브레인코, 딥로보틱스 등 피지컬 AI 기업의 제품은 이미 세계를 선도하고 있었다.

딥시크를 탄생시킨 '항저우 모델'은 전 중국으로 퍼지고 있다. 최신 분석서 『항저우 모델』의 저자 류뎬(劉典) 푸단대 연구원은 "항저우시 정부의 핵심 이념은 '일이 없으면 괴롭히지 않고, 일이 생기면 반드시 대응한다(無事不優 有事必應)'는 서비스형 정부"라고 요약했다.

전병서 중국경제금융연구소장은 "2019년 500만 위안(약 9억 5000만원)이던 항저우 AI타운의 입주지원금이 지금은 3000만 위안(약 57억원)으로 6배 늘었다"며 "AI 창업이 넘쳐나고 인재가 항저우로 몰리는 이유"라고 정부의 통 큰 지원을 평가했다. 4족 로봇을 만드는 한비청 브레인코 대표는 아무 연고도 없던 항저우에 둥지를 튼 첫째 이유로 정부의 문턱 낮은 지원을 꼽았다. 둘째는 AI 기업의 밀집 효과라고 했다. 항저우 AI타운의 관계자는 "코로나19 직전 400개 사였던 입주사가 지금은 1만 개를 넘어섰다"고 했다.

인내 자본으로 불리는 장기 투자도 중국 AI 굴기의 중요한 토대가 됐다. 이희옥 성균관대 교수는 "중국은 이미 2016년에 수립한 13차 5개년 경제개발계획에서 신흥 영역인 AI 기술에서 중요한 돌파를 이루겠다고 일찌감치 명시했고, 2020년 14차 5개년 계획에서 AI 언급 회수는 여섯 차례로 부쩍 늘었다"며 "대담한 목표를 남들보다 빨리 세우고 국가적 자원을 오랜 기간 투입하는 '시간의 리더십'이 성과를 거두고 있다"고 말했다.

항저우 모델은 알리바바로 대표되는 전자상거래 기업이 AI 산업의 주역으로 변신하는 업그레이드에 성공했다. 미국의 실리콘밸리 모델이 극단적인 자유시장 논리를 바탕으로 했다면, 항저우 모델은 서비스형 정부와 혁신적 기업이 화학적으로 결합하는 온실형 혁신을 추구한다. 또 하드웨어를 우선한 '선전 모델'과 달리 시장·정부·사회가 만들어낸 '항저우 모델'은 AI 산업에 적합하다는 평가를 받는다. 즉 투명한 정보와 공평한 규칙으로 자원 배분의 효율을 높이는 유효시장, 정확한 정책과 혁신형 서비스로 시장의 빈틈을 메우는 일하는 정부, 컨센서스와 사회적 신뢰로 포용적이고 지속가능한 발전을 촉진하는 유기적인 사회가 항저우 모델의 3대 기둥이라는 설명이다.

자오청(趙承) 저장성 선전부장은 평화 오디세이 방문단을 환영하며 "중국 500대 민영기업 중 106개사가 저장성에 있을 정도로 기업친화적"이라며 "디지털경제, 신에너지, 인공지능 등 플랫폼 프로젝트에서 한·중 양국의 협력을 개척하자"고 제안했다.

화웨이 롄추후 R&D 센터를 유치한 상하이도 항저우에 지지 않을 기세다. 지난 7일 열린 상하이 시당 12기 7차 전체회의는 "집적회로, 바이오 의약, 인공지능 등 3대 선도산업의 발전과 확장을 가속화하겠다"며 글로벌 과학기술혁신센터 건설을 결의했다.

상하이는 AI 인재 유치를 유독 강조했다. 상하이 당 기관지인 해방일보는 8일 "'경쟁을 통한 인재 유치' '발로 뛰는 인재 유치' '정책을 통한 인재 유치'를 심화하고, 천하의 영재를 모아 혁신 기업의 경쟁을 촉진해야 한다"며 전날 회의를 요약했다. 신정승 전 주중대사는 "중국은 항저우·상하이·선전·허페이 등 대도시마다 독특한 혁신 모델을 만들어 경합하고 실제 성과로 지도자가 평가받는 구조"라며 "중국 지도자들의 과학기술 리더십을 이제 한국 정치가 철저히 분석하고 배워야 할 때"라고 지적했다.

평화 오디세이 대표단 여러분
欢迎韩国

환영합니다 !

현장 르포 ⑧

중국 'AI굴기' 일군 절박함 배워야… 한국 지금 혁신 안하면 5년뒤 후회

중앙일보, 2025년 7월 9일, 종합 22면

중국 AI혁명 현장을 가다 〈하〉

도전과 실험 허용하는 문화가 중국 AI 경쟁력 원천

한국, 혁신 경쟁의 바람 일으켜야 AI 3대 강국 된다

한반도평화만들기 재단(이사장 홍석현 중앙홀딩스 회장)이 주최한 평화 오디세이 참가자들이 3박 4일 대장정을 아우르는 집중토론회를 항저우에서 열었다. '중국 AI 혁명의 현장을 가다'를 주제로 상하이·항저우에 포진한 첨단 AI 기업들을 돌아본 외교·학계·기업 등 각계 전문가들은 국가 차원의 강력한 지원책이 필요하다고 입을 모았다. 특히 미국·중국·일본처럼 한국도 정부 차원에서 공공조달을 활성화해야 스타트업이 기술 사업화와 제품 판매에 성공할 수 있다는 의견이 쏟아졌다.

중국 첨단산업의 상전벽해를 두 눈으로 직접 확인한 '평화 오디세이'는 마지막 일정을 하루 앞둔 지난 1일 한자리에 모였다. 각자 경험한 충격과 고민을 공유하며 한국의 미래를 논하기 위해서였다.

토론회 진행은 맡은 이정동 서울대 공학전문대학원 교수는 고종이 신사유람단을 맞이하듯 "중국은 어찌 그토록 빠르게 인공지능(AI)를 키워냈으며, 그 힘이 앞으로도 이어질 것인가? 우리는 무엇을 해야 하는가?"라는 질문을 던졌다.

항저우 윈덤 그랜드 플라자 로열 3층 대연회장에서 오후 7시 시작된 토론회는 예정된 2시간30분을 훌쩍 넘겨 4시간 동안 이어졌다. 밤 11시까지 AI를 연구하는 30대 교수부터 팔순의 원로까지 모두가 끝까지 자리를 지키며 치열한 논의를 벌였다.

백서인 한양대 중국지역통상학과 교수의 발제와 평화 오디세이 참가자들의 열띤 토론 내용을 요약해 싣는다.

딥시크 이어 휴머노이드로 AI 혁명 질주

백서인 한양대 교수

❖ 백서인 한양대 중국지역통상학과교수(발제)=글로벌 AI 패권 경쟁에서 중국이 미국을 맹추격하고 있다. 불과 몇 년 전만 해도 압도적 격차를 보였던 미중 AI 경쟁은 이제 '초격차와 추격을 반복하는' 양상으로 변했다. 중국식 AI 혁신의 원천은 과연 무엇일까?

중국은 이미 1980년대부터 각종 국가 인공지능 연구실을 설립해 운영하고 있었고, 2000년 WTO 가입 전후 마이크로소프트, 애플을 비롯한 글로벌 하이테크 기업들이 중국의 거대한 내수시장 매력에 이끌려 R&D센터를 구축해왔다. 즉, 30년 동안 중국내에 이미 상당한 기술적 자산이 축적되어 있었던 것이다.

중국 정부의 전략적 판단과 적극적 지원도 혁신을 꽃피웠다. 중국 정부는 2015년부터 발표된 주요 정책 중 대다수 영역에 딥러닝을 포함시키며 전략적으로 집중했다. 특히 주목할 점은 '컴퓨터 비전, 딥러닝, 하드웨어, AI 응용'으로 이어지는 체계적인 생태계 기반의 기술 발전 로드맵을 수립한 점이다. 이어 2017년을 기점으로 AI를 국가 핵심 전략으로 설정했다. 당시 중국은 딥러닝 기술이 범용 기술로 부상하는 기회의 창을 정확히 포착했다.

인공지능산업발전연맹(AIIA)을 통해 정부-학계-산업계-연구계가 유기적으로 연결되는 산업 생태계 구축도 추진했다. 또한 지역별 특성을 살린 '혁신발전시험구' 전략을 통해 각 지역이 가장 잘할 수 있는 분야부터 AI를 적용하도록 유도했다. 중국의 국부펀드가 조성한 풍부한 자금 조달 환경은 중국의 AI 스타트업들이 안정적으로 성장할 수 있는 기반을 마련했다.

해마다 350만 명씩 배출되는 공학도는 중국 내 다양한 하이테크 기업에서 첨단기술을 실제 서비스에 적용하는 연구를 수행하며 중국식 AI 혁신의 핵심 동력으로 작용하고 있다. 또 중국의 14억 소비자들은 AI 기술에 대해 세계 최고 수준의 이해도와 수용성을 지녀 AI의 빠른 상용화와 시장 확산에 일조하고 있다.
이처럼 자생력 있는 생태계는 코로나19와 미국 제재에도 불구하고 문샷AI(3조원), 바이촨(2.5조원), 즈푸AI(2조원) 등 '신 4대 천왕'과 딥시크를 탄생시키며, 중국식 AI 혁신 동력을 이어가고 있다.

현재 중국은 휴머노이드 로봇을 '제2의 딥시크'로 육성 중이다. 베이징시는 100개 이상의 핵심 기술 돌파, 50개 이상의 핵심 기업 육성, 생산 규모 1만대 돌파를 목표로 하고 있다.

중국은 앞으로도 'AI+' 전략을 통해 천문학, 의약품, 스마트 제조 등 모든 분야에 AI를 접목하는 국가 총동원체제를 가동할 것으로 보인다. 특히 "제일 잘할 수 있는 혁신 주체에 한번에 충분히 제공한다"는 중국 정부의 정책 의지는 차세대 AI 혁신을 위해 정부가 나서서 불확실성과 싸우겠다는 강력한 의지를 보여주고 있다.

한국 가보지 못한 길, 중국 앞서가 충격

조윤제 전 주미대사 | 10년 만에 중국을 찾았는데 과거의 빠른 변화 속도를 넘어, 이제는 우리가 가보지 못한 길을 이미 앞서가고 있다는 충격을 받았다. 한국은 이제 할 수 없는 것과 할 수 있는 것을 명확히 구분해 격차를 줄일 수 있는 현실적인 전략을 수립해야 한다. 맹목적인 비관론과 낙관론은 경계해야 한다.

임종인 고려대 정보보호대학원 교수 | 중국이 독자적인 AI 생태계를 구축하는 모습을 보며 조급함을 느꼈다. 하지만 아직 시간은 남아있다. 인재 양성부터 시작해야 한다. 중국과의 인재 교류도 확대해야 한다.

김용학 전 연세대 총장 | 중국의 '강력한 국가'와 '거의 완벽한 자유시장경제'의 결합은 놀랍고 경외로웠다. 문제는, 지금 중국에선 AI 인재들이 쏟아지는데 정작 한국은 고등교육 목표가 사교육과의 전쟁으로 쉬운 문제를 틀리지 않는 훈련에 집중하고 있다. 여기에 교육부의 과도한 규제로 대학 자율성이 거의 없어 AI 교육 혁신도 기대하기 어렵다.

최현만 한미사이언스 이사회 의장 | 미래를 준비하는 데 가장 중요한 것이 바로 인재다. 투자은행이 시장을 분석해 가치를 창출하듯 AI 시대에도 주도적으로 시장을 이끌어갈 인재가 필요하다.

중국의 성공 비결

국가와 자유시장경제의 굳센 결합

첨단 공학도 매년 500만 명 쏟아내

2015년 AI 기술발전 로드맵 수립

국가 총동원 체제로 AI+ 역량 키워

AI 주도할 인재 확보도 중국 성공 비결

김병연 서울대 경제학과 석좌교수 | 중국의 AI 굴기는 거대한 시장과 젊은 인구, 그리고 설계부터 생산까지 가능한 연결성이 주된 동력이라

본다. 한국은 '빅'(Big)과 '영'(Young)에 한계가 있는 만큼 AI 분야에서 협력할 수 있는 국가들과 연대하면서 미국과 중국 등 모두가 필요로 하는 AI 생태계의 '전략적 요충지'가 돼야 한다.

윤태성 KAIST 기술경영전문대학원 교수 | 일본, 독일 등 중간 국가들끼리 AI 특허를 통합해 무기로 삼는 '미들 파워 AI 그룹'을 형성하는 것도 대안이 될 수 있다. 오늘날 젊은 인재들은 높은 연봉보다 재미와 명분을 중시하므로 한국을 K-컬처와 연계해 글로벌 AI 인재들을 끌어모아야 한다.

이경일 솔트룩스 대표 | AI가 대한민국에서 성장하려면 국내에 갇히지 않고 세계로 나아가야 한다. 소버린AI(주권 AI)를 만든다며 흥선대원군처럼 쇄국정책을 펼칠 것이 아니라 국내 인재도 계속 해외로 보내 배우고 성장하는 기반을 마련해야 한다.

차문중 삼성글로벌리서치 사장 | 중국의 AI 성공 비결은 사실 미국이 성공한 이유와 크게 다르지 않다. 정부가 아이디어를 지원하고, 시장을 열어줬기 때문이다. 중국이 스타벅스 커피를 드론으로 배달해주는데, 한국은 여전히 배달의민족처럼 노동집약적 방식을 고수하는 이유는 무엇인지 정부의 고민은 여기서 시작돼야 한다.

정부가 아이디어 주고 시장 열어 성공

정유신 서강대 경영전문대학원 교수 | 결국은 규제 때문이다. 한국은 5천

만 인구의 한계를 극복하기 위해서라도 규제를 완화해 정부와 기업이 보유한 질 높은 데이터의 활용도를 높여야 한다. 부처 간 칸막이를 없애 시너지를 내는 것도 중요하다.

서민준 KAIST AI대학원 교수 | AI 성능을 결정짓는 핵심이 결국 데이터다. 알고리즘과 그래픽처리장치(GPU)는 수단에 불과하다. 한국은 데이터 확보의 중요성을 간과해 왔다. 거대언어모델(LLM) 분야에서 미국과 중국을 앞서기 어렵지만, 피지컬 AI 분야에선 제조업 강국인 한국이 2등까지 노릴 수 있다.

오세정 전 서울대 총장 | 그동안 한국이 정보기술(IT) 강국에 안주하며 자만했던 것 아닌가 하는 생각이 든다. 마치 아날로그 성공에 머물다 디지털 전환에 뒤처진 일본의 소니처럼 말이다. 중국 정부가 AI에 국가적 역량을 총동원하는 것처럼 우리도 적극 나서야 한다.

전병서 중국경제금융연구소 소장 | 한국의 '최종병기 활'이라 할 수있는 고대역폭메모리(HBM)를 전략물자화하는 방안도 검토할 필요가 있다. 한국의 HBM을 구매하는 칩 제조사가 일정 비율의 GPU를 한국에 우선 공급하도록 요구하는 식이다.

한국의 혁신 과제

학생들 쉬운 문제 안 틀리는 훈련

한국 이젠 다시 밖으로 나가 배우고

부처간 칸막이 없애 시너지 높이고

중국처럼 '기업가 정부'로 전환해야

생존 절박감이 중국 첨단기술 촉진

염재호 태재대 총장 | 한국은 매년 위기를 극복해 온 저력이 있고 젊은 세대의 역량도 강하다. 중국의 AI 굴기에 맞서 폭스바겐이 아닌 페라리를 만드는 식의 초격차 기술력으로 틈새시장을 노려야 한다. 일본이 전자제품 시장에선 삼성과 LG 등 한국에 밀렸지만 여전히 소부장(소재·부품·장비) 산업은 장악하고 있는 것처럼 한국도 AI 시대에 맞는 전략이 필요하다.

박재근 한양대 융합전자공학부 교수 | 한국 반도체 소부장 산업도 규모가 작지 않지만 매출의 절반 이상이 중국에서 발생한다. 중국 시장의 성장이 곧 우리 소부장 산업의 성장 동력이 된다. 중국과 협업을 통해서 우리가 더 성장할 수 있다는 발상의 전환도 필요하다.

이희옥 성균관대 정치외교학과 교수 | 중국 AI의 경쟁력은 도전과 실험을 허용하는 문화, 강한 위기의식에서 나온다. 한국 정부는 기업가적인 정부로 빠르게 전환해야 한다. 단순히 실용주의를 넘어 '사상 해방'이 필요하다. 등소평이 개혁개방을 했다면, 우리는 사회주의가 갖지 못한 집단 지성의 힘으로 사고의 대전환을 이끌어내야 한다.

김진호 단국대 정치외교학과 교수 | 중국은 내연기관차를 건너뛰고 전기차로 직행하는 등 중간 과정을 생략하고 빠르게 발전하는 모습을 보

여왔다. 이는 정부와 민생 모두 생존에 대한 절박함이 있었기에 가능했다. 한국 또한 이러한 중국의 '절박함'을 배워야 한다.

한국, 경쟁력 위해 주 52시간 개선 시급

주완 김앤장 변호사 | AI 경쟁력 확보를 위해 노동 문제 해결도 시급하다. 주 52시간 근무제의 반도체 분야 예외 인정과 R&D 분야 유연근로시간제 도입이 필수적이다. 현재의 경직된 노동 환경은 글로벌 경쟁에서 한국의 발목을 잡을 것이다. '노란봉투법'도 교섭 남발과 노사관계 불안정을 초래해 부정적 영향을 미칠 것이다.

이준호 한국 화웨이 부사장 | 미·중 패권 경쟁에서 한국은 강대국 싸움에 세 들어 살 필요도, 무리하게 대궐 같은 집을 지을 필요도 없다. 대신 곳곳에 널려있는 좋은 자재인 기술과 자원을 활용해 한국만의 튼튼하고 특색 있는 AI 경쟁력을 구축해야 한다.

윤병세 전 외교부 장관 | AI의 긍정적 측면뿐만 아니라 안보 및 군사화 관점에서도 주목해야 한다. 이미 미·중 경쟁 속에서 AI의 군사적 활용과 국제적 규범 논의도 활발하다. AI 선진국들처럼 한국 역시 외교·국방·안보를 아우르는 통합적인 국가 AI 전략을 수립해야 한다.

김상배 서울대 외교학과 교수 | 21세기 한국판 '조선책략'을 새로 써야 하는 시점에 와 있다. 그 중심은 AI가 될 것이다. AI는 최근 몇 차례의 전쟁을 통해 외교, 안보, 국방의 핵심 이슈로 부상했다. 민군 겸용

기술의 특성을 고려해 한국의 독특한 안보 현실에 맞는 AI 전략도 고민해야 할 때다.

한국의 잦은 담당 관료 교체도 리스크

이하경 중앙일보 대기자 | 사회주의 중국은 과감하게 시장경제의 강점을 수용해 혁신을 거듭하고 있다. 화웨이 런정페이 회장이 R&D 예산의 3분의 1을 기초과학 연구에 투자하는 역발상도 놀랍다. 지도자들이 후발 국가의 한계를 극복하기 위해 지독하게 공부하고 자신들만의 현실적인 생존전략을 찾아내는 DNA를 가지고 있다. 바로 이 점을 배워야 한다. 한국은 한 세대 전 디지털 혁명에 성공했고, 제조업 전 분야에서 중국과 함께 세계 최고의 경쟁력을 가지고 있다. 대통령이 앞장서고 정부와 기업, 민간이 하나가 돼 혁신하면 중국에 밀리지 않는 AI 혁명을 달성할 수 있다.

유영화 한국 화웨이 상임고문 | 중국은 정부 주도의 과감한 투자와 실행력으로 AI의 급속한 발전을 이뤄냈다. 한국은 장관이 1년도 안 돼 바뀌는 등 잦은 리더십 교체로 사업 리스크가 너무 크다.

윤영관 전 외교부 장관 | 한국은 민주주의 국가이기에 중국과 똑같은 방식은 불가능한 만큼 혁신 지향의 강력한 민주주의 리더십이 필수적이다. 특히 대통령이 확고한 의지를 가지고 국민과 관료에게 비전을 제시하며 혁신을 이끌어야 한다.

이혁 전 주베트남대사 | 대통령의 혁신 의지도 중요하지만 야당의 좋은 아이디어를 수용하는 등 초당적인 협력을 통해 자유민주주의의 장점을 극대화해야 한다. 또한 일본 등 주요국과의 안정적인 외교 관계도 AI 산업 발전에 필수적이다.

일관된 민주적 AI 발전 전략 모색을

송호근 한림대 석좌교수 | 한국 정치권이 AI 시대에 필요한 '컨센서스'(합의)를 형성하지 못하면 미래 전략 추진은 불가능하다. 중국의 AI 산업은 국가 주도하에 강력한 응집력으로 발전하고 있다. 그렇다고 우리는 민주주의를 포기할 수 없다. 5년마다 바뀌는 정치 환경 속에서 AI 발전을 위한 일관된 컨센서스를 형성하는 민주적 AI 발전 전략을 모색해야 한다.

이창민 한국외국어대 융합일본지역학부 교수 | 한국이 민주주의 체제하에서 나아갈 방향은 일본의 AI 정책에서 힌트를 얻을 수 있다. 일본은 경제안전보장추진법을 제정해 정부 주도의 AI 육성 기반을 마련했다. 기업의 GPU 구매에도 천문학적인 보조금을 주고 있다. 인도의 AI 전공 대학원생들을 매년 3000만원의 장학금을 주고 300명씩 데려오는 등 과감한 인재 확보 정책도 펼치고 있다.

조용병 전국은행연합회 회장 | 과거 정부 주도의 투자 사업들이 성공적이지 못했던 점을 고려할 때 100조원 규모의 AI 펀드를 조성하더라도 정부의 간섭은 최소화해야 한다.

신정승 전 주중대사 | 상상을 뛰어넘는 중국의 AI 발전은 정부의 강력한 지원과 관리, 대학의 인재 양성, 기업의 연구개발이 시너지를 낸 결과라고 본다. 앞으로 미국이 뭘 어떻게 하더라도 중국을 견제하기가 만만치 않을 것이다.

최병일 이화여대 명예교수 | 중국 AI 혁명의 지속가능성을 마냥 낙관할 수는 없다고 본다. AI 발전으로 인한 일자리 감소 딜레마를 중국 정부가 해결할 수 있을지 의문이다. 14억 인구만으로는 AI 시장이 성장하는 데 한계가 있다. 글로벌 진출이 필수적이지만 미중 패권 경쟁으로 쉽지 않을 것이다.

공정한 경쟁 위한 틀 마련도 필요

한상호 김앤장 변호사 | 중국의 AI 발전은 강력한 리더십 아래 이뤄지고 있다. 마치 한국의 개발 독재 시대처럼 AI 산업 역시 효율적인 발전을 이루는 모습이다. 하지만 이런 발전이 지속 가능할지는 의문이다. AI 윤리를 포함한 국제 규범을 갖추지 못한다면 성장에 한계가 올 수도 있다.

엄윤설 에이로봇 대표 | 산·학·연 협력, 인재 양성, 투자 등 오늘 토론회에서 나온 모든 중요한 제언들은 결국 공정한 경쟁이 가능한 환경 위에서 빛을 발할 수 있다. 건강한 AI 생태계 조성이 가장 중요하며 정부가 적극적으로 페어플레이를 위한 틀을 마련해줘야 한다.

이광형 KAIST 총장 | 중국 AI 기업들의 성공은 젊은 세대의 도전, 상품화 및 시장화까지 이어지는 인내와 지구력, 그리고 공정한 시장에 대한 믿음이 있었기에 가능했다. 한국 기업들도 열심히 노력하면 보상받을 수 있다는 믿음을 가질 수 있도록 기술 탈취 문제 해결이 시급하다.

이철규 국회의원 | 중국의 혁명적인 AI 발전을 보며 놀랐지만 한국이 좌절할 필요는 없다. 대한민국이 가진 뛰어난 인재들의 도전이 제도와 정책으로 발목 잡히지 않도록 작은 힘이나마 보태겠다. 오늘 이 자리에서 나온 많은 제안들이 국회에서 잘 처리될 수 있도록 힘쓰겠다.

박문수 미래와가치 회장 | 화웨이가 매출의 3분의 1을 R&D에 투자하고, 중국 대학이 1980년대에 AI 학과를 개설했다는 사실에 큰 충격을 받았다. 피로감보다 내 나라의 미래에 대한 두려움이 더 크다. 대한민국 미래 먹거리 산업을 위해 국가와 사회가 모든 지혜와 역량을 모을 때다.

AI 혁명은 문명사적 변곡점…대통령이 과감하게 혁신에 앞장서야

홍석현
한반도평화만들기
이사장

알파고 쇼크 직후 중국은 국가 차원의 AI 전략을 수립해 강력하게 추진하고 있다. 정치국원과 상무위원 등 고위 지도자들은 주기적인 집체교육을 통해 AI와 양자역학을 배우고 있다. 우리도 대통령과 국무위원, 국회의원이 공부하고 AI에 대한 명확한 목표와 전략을 공유해야 한다. 대한민국의 명운이 걸렸다. 대통령이 앞장서고 직접 챙기는 혁신 리더십이 필요하다. 그렇지 않으면 5년 뒤 '골든타임을 놓쳤다'고 후회하게 될 것이다.

소버린 AI도 필요하지만, 다각적인 모색과 실행전략이 필요하다. 많은 중국 AI 기업들이 인도에 진출하고 있다. 영어권 시장까지 공략하려는 것이다. 우리도 국내에만 머무르지 않고 미국·인도와 같은 해외 시장을 개척하려는 노력이 있어야 AI 3대 강국의 꿈을 이룰 수 있다. 그래야 5만 달러, 10만 달러 시대에 도달할 수 있다. 과거 삼성 이병철 회장이 70세가 넘어 망할 각오를 하고 반도체 사업에 뛰어들었을 때의 결단과 도전 정신이 지금도 필요하다.

중국의 AI 혁명은 지속 가능한 정도가 아니라 앞으로도 큰 성공을 거둘 것이라고 본다. 정부의 명확한 판단과 민관의 협력, 방대한 데이터뿐만 아니라 훌륭한 인재풀이 있기 때문이다. 현재 한국의 시스템은 많은 문제를 안고 있다. 중국에서는 한 해 500만 명의 STEM(과학·기술·공학·수학) 인재가 대학에서 쏟아져 나오고 있다. 그런데도 해외에 나가 있는 인재를 귀국시키는 데 공을 들이고 있다.

우리도 비정상적인 의대 쏠림 현상을 해소하고 엔지니어 수를 크게 늘려야 한다. 국적을 불문하고 해외의 우수한 과학자와 엔지니어를 과감하게 유치해야 한다. 대통령이 직접 나서서 돌파해야 한다. AI 혁명은 산업의 차원을 넘어 경제·기술·국제정치·안보 생태계의 향방이 걸린 문명사적 변곡점이다. 사활을 걸고 성공시켜야 한다.

현장 르포 ⑨

8년전 'AI 국가전략' 중국처럼… "정부가 수요 일으켜야 한국기업 큰다"

중앙일보, 2025년 7월 9일, 종합 8면

중국 AI혁명 현장을 가다 〈하〉

경기도 안산 한양대 에리카캠퍼스 내 창업보육센터 4층은 요즘 화장품 회사 공장 모습으로 변신 중이다. 이곳에 입주한 휴머노이드 스타트업 에이로봇이 올해 안으로 실제 안산공단 화장품회사 공장에 들어가 현장 검증(POC, Proof of Concept)을 위한 사전작업을 준비하고 있기 때문이다. 휴머노이드 로봇이 공병에 화장품을 담고, 포장하는 작업을 인공지능(AI)을 통해 학습하는 게 핵심이다. 에이로봇은 한양대 로봇공학과 한재권 교수가 창업한 회사다. 국내에 완성형 휴머노이드를 만드는 곳은 에이로봇 외에 레인보우로보틱스와 로보티즈 3개사가 있다. 지난 4월엔 이들 3개사와 로봇 부품을 만드는 기업 등 40개사로 구성된 'K휴머노이드 연합'이 출범했다.

경기도 성남 정자동 킨스타워 14층엔 '제조산업 AI예측 솔루션'을 개발하는 인이지가 입주해 있다. 최재식 KAIST 인공지능대학원 교수가 2019년 창업한 스타트업이다. 포스코와 같은 철강회사나 시멘트·석유화학기업 등의 공정 데이터와 AI를 활용해 생산 효율성을 높여주는 게 주요 비즈니스 모델이다. 인이지는 지난 3월 기술력을 인정 받아 정부가 지정하는 '국가전략기술' 보유 기업이 됐다.

국내에도 AI 기업이 성장하고 있다. 미국과 중국 수준에는 못 미치지만 거대언어모델(LLM)을 개발해 내놓고 있다. LG의 엑사원, 네이버의 클로바엑스, 솔트룩스 루시아 등이 그것이다. 에이로봇과 인이지는 대표적 AIx 기업이다. AIx는 AI가 다양한 영역과 융합한다는 것을 의미한다. 평화 오디세이 2025 방문단이 찾은 항저우의 브레인코·딥로보틱스 등이 그런 곳이다. 과학기술정보통신부에 따르면 한국 휴머노이드의 경우 중국과의 격차가 9개월, LLM은 1.5년 정도로 분석된다.

한국의 AI 역량은 프랑스 다음인 세계 6위 수준으로 평가된다. 적어도 지난해 평가까지는 그렇다. 영국 토터스 미디어는 매년 국가별 AI 역량을 평가하는 '글로벌 AI 인덱스'를 발표하는데, 이에 따르면 세계 1위는 단연 미국이다. 평가는 크게 ①구현 ②혁신 ③투자, 이렇게 3개 부문으로 구분한다. 구현에는 인재·인프라·운영환경을, 혁신에는 연구개발을, 투자는 정부의 전략과 상업 생태계로 세분된다. 지난해 9월 발표된 2024 글로벌 AI인덱스에 따르면 미국을 100점(1위)으로 보고, 중국이 미국의 절반 수준인 53.88점으로 2위를 기록했다. 3위는 싱가포르(32.33점), 4위 영국(29.85점), 5위 프랑스(23.09점), 6위 한국(27.26점) 순이다.

미국은 인공지능의 기본이 되는 LLM만 해도 챗GPT(오픈AI)·제미나이(구글)·코파일럿(마이크로소프트)·라마(메타) 등 40개가 넘는다. 전 세계 AI 기업의 73%가 미국에 몰려 있다. 이는 그간 AI 연구와 개발에 막대한 자금이 투자된 덕분이다. 2위 중국은 올 한 해 예상되는 AI 투자는 미국의 4분의 1 수준에 달한다. AI 모델이 15개로 미국에 못미치지만, 지난 1월 딥시크가 세계 최초로 추론형 AI R1을 오픈소스 방식으로 공개하면서 미국 중심의 글로벌 AI 생태계 공략에 도전하고 있다. 중국의 장점은 AI 투자 규모와 비교해 AI 산업 집중도가 높다는 점이다. 또 AI 관련 논문 수는 미국과 같거나 일부 지표에선 미국을 넘어서고 있다.

이경일 솔트룩스 대표는 “중국은 2017년 바둑 세계 랭킹 1위인 커제 9단이 저장성에서 열린 대회에서 알파고에 3대0으로 전패한 뒤 국가 차원에서 ‘신세대 인공지능 발전계획’을 발표하면서 AI를 국가 전략으로 육성하기 시작했다”며 “딥시크 등 항저우 6소룡과 같은 AI 기업들은 그간의 집중투자가 열매를 맺기 시작하는 것”이라고 말했다.

한국도 2016년 3월 알파고와 이세돌의 대국 이후 AI 각성이 없었던 건 아니다. 이듬해 과기정통부가 AI R&D 로드맵을 수립하고, 인공지능 국가전략 프로젝트를 본격 추진한다고 밝힌 바 있다. 2019년 하반기에 인공지능 정책국이 처음으로 생겨났다. 하지만 14억 인구를 가진 사회주의 국가 중국의 물량과 속도를 따라잡기엔 역부족이었다. KAIST가 세계 대학별 AI 순위에서 5위를 할 정도로 R&D 능력이 높지만, 그래픽처리장치(GPU) 부족 등으로 기술 상용화가 이에 따라가지 못하고 있다.

이정동 서울대 공대 교수는 “혁신기술 기반 기업이 성장하기 위해서는 정부와 공공부문에서 수요를 적극적으로 일으켜줘야 한다”며 “2019년 정부가 혁신제품의 선도적인 구매자가 돼 기술 혁신을 촉진하고 공급 서비스 개선에 기여하는 ‘혁신 조달’ 제도가 도입됐지만, 실제 시장에서 집행되는 것은 피부로 느끼기 어려운 게 현실”이라고 진단했다. 조달청은 지난달 10일 혁신제품 조달 규제를 완화하고, 조달 기업의 기술 혁신과 성장을 돕는 방향으로 ‘혁신 제품 구매 운영

규정'을 새롭게 시행했다고 밝혔다.

류제명 과학기술정보통신부 2차관은 "우리나라는 AI 양대 강국과 차이가 많은 게 현실이지만 핵심 자원인 GPU와 인재·데이터를 신속하게 확충해 세계적 수준의 독자 AI모델을 확보하고, 이를 바탕으로 전 산업과 공공 분야에 AI 대전환을 촉진함으로써 AI 3대 강국으로의 도약을 실현하겠다"고 말했다.

현장 르포 ⑩

<르포> 미국 제재 뚫은 화웨이 '996 R&D'… 이젠 'AI 인프라' 패권 시동

중앙일보, 2025년 7월 28일, 인터넷 기사

중국 AI혁명 현장을 가다

화웨이 롄추후 R&D센터는 쾌적한 근무 환경을 위해 우아한 경관과 카페 등 편의시설 확충에도 중점을 두고 설계됐다. 연구원들은 호수를 중심으로 8개 역을 순환하는 트램을 이용해 단지 내를 이동한다.

중국 상하이 도심에서 차로 1시간 거리에 위치한 외곽 지역 칭푸(青浦)구. 여의도 절반 크기(1.6㎢)로 조성된 한 호숫가 부지 위로 2량짜리 빨간색 트램이 승객들을 싣고 호수 주변을 오갔다. 축구장 225개 넓이에 배치된 다채로운 외관의 건물들 사이로는 보행로와 함께 잔디밭이 시원하게 펼쳐졌다.

겉보기에는 대학 캠퍼스나 미니 신도시를 떠올리게 하는 이곳은 실상 미·중 기술 패권 다툼의 최전선이자 2만4000명에 달하는 중국 최고 두뇌들이 모인 중국 반도체 기술의 심장부다. 우아한 건물은 고급 호텔에 들어선 듯한 착각을 일으킨다. 뉴욕타임스(NYT)에 실린 "미래는 미국에 있지 않았다"는 칼럼으로 세계의 이목이 집중된 곳, 화웨이의 '롄추후(練秋湖) 연구개발(R&D) 센터'다.

중국 상하이 칭푸(青浦)구에 위치한 화웨이의 '롄추후(練秋湖) 연구개발(R&D) 센터'. 축구장 225개 규모(1.6㎢) 부지에는 무선통신, 반도체, 클라우드 등 핵심 기술 연구단지가 들어섰다.

2018년부터 본격화된 미·중 무역전쟁에도 화웨이는 살아남아 진화하고 있었다. 지난해에는 보란듯이 역대 둘째로 높은 175조원의 매출을 올렸다. 스마트폰·전기차·인공지능(AI) 분야의 성장세를 놓치지 않고 뛰어들어 성과를 냈다. 미국의 전방위 제재에도 '자체 기술력 확보'에 집중한 덕분이다.

지난달 30일 '평화 오디세이'가 찾은 롄추후 R&D 센터는 여전히 기술 굴기가 한창이었다. 센터 내 거리에는 '2025 플래그십 휴대폰 혁신대회' 개최를 알리는 안내판이 눈길을 끌었다. 야근에 대한 질문이 나오자 안내 직원은 '9·9·6'(오전 9시 출근·오후 9시 퇴근·주 6일 근무)이 중국에선 보편적이라고 귀띔했다.

사무실에선 반팔과 반바지를 입은 직원들도 눈에 띄었다. 화웨이 관계자는 "평균연령이 31.6세로 젊지만 직원의 78%가 석·박사 학위를 소지하고 있다"며 "무선통신, 반도체, 컴퓨팅, 제품 개발 등 다양한 사업 부문이 한데 모여 다각화된 연구 생태계를 형성하고 있다"고 설명했다.

전 세계 AI 혁명을 주도 중인 미국 엔비디아는 최근 2년 연속 화웨이를 경쟁사로 지목했다. 현재 엔비디아는 반도체칩 설계 기업을 넘어 AI 인프라 기업으로의 변신을 꾀하고 있다. 첨단산업의 열쇠로 떠오른 AI 관련 기술·장비·서비스 시장을 선점하려는 전략이다. 이에 대응해 세계 최대 통신장비 업체인 화웨이도 발빠르게 움직이고 있다.

화웨이는 이미 다양한 분야에서 AI 전환을 주도하고 있다. 상하이 루이진 병원의 AI 보조 진단 시스템, 선전 항만의 무인 컨테이너 트럭, 사우디아라비아 태양광발전소의 AI 인버터 등이 대표적이다. 화웨이 관계자는 "AI를 실생활에서 구현하는 핵심은 네트워크 기술"이라며 "이 분야에서 화웨이는 세계 1위 경쟁력을 갖췄다"고 말했다.

미국 제재의 직격탄을 맞은 반도체 분야도 자신감을 드러냈다. 중앙처리장치(CPU)와 신경망처리장치(NPU) 2개를 결합한 신형 AI 가속기, 122테라바이트(TB) 용량의 저장장치(SSD), 방열 성능을 높인 쿨링팬 등을 잇따라 소개했다. 모두 AI 서버 구축에 필수적인 제품들로, 화웨이는 자체 설계와 개발을 거쳤다고 밝혔다.

직접 제품을 살펴본 박재근 한양대 융합전자공학부 교수는 "화웨이가 자국 기업과 함께 독자적인 반도체 생태계를 구축하려는 움직임이 위협적이다"고 말했다. 앞으로 한국이 대중국 반도체 수출 감소는 물론, 글로벌 시장에서 기술력과 가격 경쟁력을 갖춘 중국 반도체 제품과의 경쟁에 직면할 수도 있다는 의미다.

화웨이는 생존 비법을 R&D 수치로 제시했다. 전체 직원 20만

8000명 중 55%가 R&D 인력, 지난해 매출액 대비 R&D 투자 비중은 20.8%다. 삼성전자(11.6%)와 SK하이닉스(7.5%)를 크게 웃돈다. 전체 R&D 비용의 3분의 1은 수학·물리학·화학 등 순수 기초 이론 분야에 투자한다. 주완 김앤장 변호사는 "한국은 투자뿐만 아니라 연구 환경도 더 불리하다"며 "주52시간제에 발목 잡힌 한국의 R&D 현실이 떠올랐다"고 우려했다.

한국이 'AI 3대 강국'을 목표로 한다면 AI 인프라에 대한 준비가 시급하다는 지적도 나왔다. 최현만 전 미래에셋증권 회장은 "중국은 응용 생태계와 인프라 측면에서 압도적인 규모와 속도를 보여주고 있다"며 "이제는 기업들이 AI를 산업에 어떻게 접목시키느냐에 따라 사라지거나 거대 기업으로 바뀌어갈 것"이라고 말했다.

특별취재팀(상하이, 항저우)=김동호·최준호·이가람, 유상철(중국연구소)·한우덕(차이나랩), 신경진·이도성(특파원) 기자, 사진 장진영 기자

DBS
Grand Kempinsk
Shangha
上海凯宾斯基
Kempinski

欢迎来访浙江大学
절강대학교에 오신 것을 환영합니다.
1897
ZHEJIANG UNIVERSITY
2025.7.1
ZHEJIANG UNIVERSITY
ZHEJIANG UNIVERSITY

이광형

PEACE ODYSSEY 2025

리셋코리아와 함께하는 평화오디세이

평화 오디세이 -중국 AI굴기 현장리포트

평화 오디세이-중국 AI굴기 현장리포트 ①

기업 2.4만개, 연구인력 50만명…
장강 'AI제국'의 문명대혁명

중앙일보, 2025년 7월 15일, 종합 10면

송호근
한림대 도현학술원 원장
석좌교수

중국의 변신은 놀랍고 경이로웠다. 상전벽해, 천지개벽이란 용어로도 다 묘사할 수 없는 대역사(大役事), 서양풍 마천루와 초현대식 건물에서 일어나는 현란한 혁명의 제조를 어찌 필설로 다 담으랴. 상하이(上海)를 품은 양쯔강과 항저우(杭州)를 낀 첸탕강이 만나는 장강(長江)삼각주에는 '문명대혁명'의 아우성이 가득하다. 첨단과학인재, 꿈에 부푼 청년군단, 벤처기업인, 글로벌 기업, 이들을 후원하는

상하이도시계획전시관을 찾은 평화 오디세이 참가자들이 황푸강이 휘감은 푸동지구의 급격한 발전상을 둘러보고 있다. 푸동의 개발이 포화에 이르자 상하이의 도시 확장은 전역으로 확산하고 있다. 특히 항저우와 함께 AI 도시로 변모하며 장강삼각주 발전을 견인 중이다.

금융기관과 당(黨) 지도부가 함께 부르는 혼신의 열창 주제는 '문명혁명'이다. 도처에 '문명' 깃발이 나부낀다.

'문화혁명'이 20세기 중국 인민의 가슴을 지배했다면, 문명혁명은 과학기술 패권을 향한 포효다. 장강삼각주의 중심인 장강과학성(첨단 산업기술 단지)은 이미 2050년 로드맵을 착착 실행하고 있다. 연구인력 50만 명, 이중 해외 유학인력 20만 명이 2만4000개 입주기업에서 중국 인공지능(AI) 굴기의 칼을 갈고 있으며, 인큐베이터에서 배양 중인 2580개 벤처가 유니콘 열망을 키운다. 목표는 명료하다, AI 패권. 미국 서부의 '실리콘제국'을 제압할 동양의 'AI신제국'이 그 무서운 성채(城砦)를 드러냈다.

중국 AI산업 상전벽해

장강과학성, 과학기술 로드맵 실행

아프리카 원주민과 통하는 AI도 개발

기업 2.4만개 뛰어, 연구인력 50만명

한국, AI 강국 되려면

반도체 강한 한국, AI 응용 노려야

대만·일본 등과 연합, 니치동맹 중요

도전정신 깨우는 기업가적 국가 돼야

커제의 눈물, 비장한 각오 자극

2017년 5월 바둑황제 커제(柯洁)가 알파고와 대국에서 3연패 끝에 눈물을 닦아낼 때 중국 인민들도 통한의 눈물을 흘렸다. 그 눈물은 AI제국을 향한 대장정의 비장한 각오를 자극했다. 불과 8년 만에 AI 신제국의 위용을 갖춘 것이다. 반면, 한국은 알파고를 헷갈리게 만든 이세돌의 묘수(妙手)에 열광했다. 그 결과는 두렵고 무섭다. 거인 중국은 멀찌감치 달아났고, 몸집 작은 한국은 추격자로 밀려났다. 중국은 1300만 명에 달하는 대졸자가 AI첨단기지로 달려가는데 한국은 대학생 고작 40만 명, 그것도 의대와 법대에 몰린다. 이러니 어찌 문명 전투에서 살아남을까. 수도권에 집중된 AI기업과 인력은 장강삼각주의 50분의 1에도 미치지 못하고, 국가의 정책과 지원은 여전히 규제중심, 구멍가게 수준이다. 대오각성을 다같이 외칠 때다.

봉쇄의 역설, 자체 생태계 구축

AI와 반도체 패권을 지키려고 미국이 대중국 수출을 봉쇄한 지 5년이 지났다. 한국은 그 충격을 줄이려 몸부림을 치는 동안 중국은 자체 생태계를 구축하는 데에 매진했다. 중국의 대표 글로벌 기업인 화웨이(Huawei)는 고전 끝에 드디어 여유를 찾았다. AI 생태계 구축에 성공한 것이다. 칩 개발을 통해 엔비디아 의존에서 거의 벗어났으며, 자체 구동시스템인 어쎈드를 개발해 MS, 구글 체제와도 결별했다. 장강삼각주 서쪽에 신축한 롄추후(練秋湖) R&D 캠퍼스에는 청년 3만 명이 밤낮없이 일한다. 평균 나이 31.6세. AI는 물론 무선통신, 반도체, 컴퓨팅, 장비개발 등 AI 응용(AI+)의 광대한 영역을 결합하는 우수한 청년 두뇌집단의 놀이터다.

한국 AI벤처 선두주자 솔트룩스 이경일 대표의 첫마디는 '무섭다'였다. 무엇보다 AI산업 전체를 조망하는 총체적 설계와 파운데이션(기초) 조성에 대한 기업가와 당 간부진의 굳건한 신념이 깔려있다. '당장은 쓸모없이 보여도 결국엔 유용하게 되는 것', 장자(莊子)가 말한 무용지용(無用之用)이 봉쇄의 역설을 입증하는 현장이었다. 이 봉쇄의 역설 속엔 '위험 최소화'라는 자본주의의 약점을 돌파하는 사회주의적 시장개입 논리가 작동한다. AI혁명은 장강삼각주를 비롯해 베이징, 선전, 우한, 난징, 쑤저우, 광저우 등 중국 전역에서 진행되는 중이다. 국가, 기업, 청년군단이 뿜는 합일의 열창이 무섭다. 한국이 시장리스크 앞에서 걸음을 멈추는 것과는 달리, 중국은 리스크가 명백함에도 '간다'는 것. 평화 오디세이 방문단이 두려움을 공감할 때 청년 연구진들이 담소를 나누며 실험실로 돌아갔다. 롄추후 호수에 해가 뉘엿뉘엿 지는 시각이었다.

AI가 인간 눈, 입, 근육 제공

WAI는 인류 생활의 한계를 돌파하는 신문명이다. 방문단은 AI가 인간의 눈과 입이 되고, 팔과 다리를 제공하는 현장을 목격했다. 안면인식의 선두주자 센스타임(Sensetime)은 14억 인구의 얼굴을 정확히 판별한다. 영상 신원 확인이 개인의 경제적, 사회적 행동을 허용하는 매개체다. 편의점과 카페에서 영상 확인으로 결재한다. 상점들은 구시대의 유물인 화폐를 취급하지 않는다. 센스타임이 만든 AI는

받아쓰기 기능 등이 구현되는 음성인식 AI 기업 아이플라이텍의 스마트노트.

인류의 눈이다. 우주·항공·미사일은 물론 모든 움직이는 동체에 장착된다. 언어AI의 선구자 아이플라이텍(iFLYTEK)의 소프트웨어는 주요국 언어의 동시통역이 가능하고 휴대폰 화면에 번역문을 동시에 표출한다. 아프리카 원주민을 만나도 소통이 가능하다. 70억 인구의 입을 자처한다. 모든 인류의 말이 데이터로 비축된다.

항저우에 본부를 둔 브레인코(BrainCo)는 손발이 없는 장애인에게 천상의 선물을 제공했다. 첨단 스마트 의수와 의족이다. 뇌파 신호를 감지한 의수와 의족은 장애인의 의지대로 움직였다. 의수로 피아노를 연주했고, 의족으로 정상 걸음이 가능했다. 브레인코는 집에 갇힌 장애인을 세상으로 불러내 정상인과 섞이도록 하는 게 꿈이다. 이른바 AI+, 피지칼 AI로 불리는 응용 산업의 선두주자였다. 그것만이 아니었다.

딥로보틱스사 뒤뜰에는 2족, 4족 로봇이 뛰어놀았다. 인간의 힘든 노동과 정밀노동, 재난 구조를 대신하는 로봇 기술은 이미 세계 정상급에 올랐는데, 몇 달 전 베이징에선 로봇 마라톤대회가 개최되기도 했다. 중국형 챗GPT인 량원펑의 딥시크는 세계를 놀라게 했다. 항저우에 운집한 1만여 개 벤처기업 간 치열한 밀집 경쟁과 국가의 용의주도한 지원 정책이 낳은 항저우 모델의 총아였다. 판교모델, 혹은 강남모델? 한국의 모델은 어디에 있는가?

2025년 열하일기 된 평화 오디세이

이번 오디세이는 2025년 열하일기(熱河日記)가 됐다. 1780년 북학파의 거두 박지원은 건륭제 생일 축하 사절단에 끼었다. 가는 곳마다 신문물을 관찰했다. 성곽의 높이와 두께를 측량했고, 장터에 즐비한 마차 길이와 폭을 재고 제조 방법을 탐문했다. 만주족이라 얕봤던 청(淸) 문명은 학문의 나라 조선을 훨씬 능가했다. 평화 오디세이 방문단은 연일 머리를 맞대고 모색했다. '2025년 열하일기'의 가장 절박한 문제의식은 무엇이어야 하는가? 규모와 자금, 인재풀의 측면에서 중국의 과학굴기를 뛰어넘는 것은 어렵다는 사실을 인정해야 했다.

2024년 국가AI지수는 미국이 100, 중국은 54, 한국은 27 정도로 격차가 있다. '실리콘제국'에 대한 한국의 방책은 뛰어난 군마를 조달하는 갑마장(甲馬場)이 되는 것, 즉 고대역폭메모리(HBM)처럼 고집적 반도체의 제조국이 되는 것이다. 그렇다면, '장강AI신제국'에 대한 대응책은 AI+X, 즉 '피지컬 AI'(AI응용 제조업)와 문화 및 바이오와 결합한 '버티칼 AI'에 집중하는 것이 되어야 한다. 제조업과 문화강국인 한국은 이미 그런 조건을 갖췄다. 자율주행차, 가전, 휴대폰 같은 생활영역, 통신, 의료, 군사, 핵발전 등의 제조산업, 반도체와 칩 생산 등 AI필수 부품 생산에 AI를 접목 응용하는 길이 미래의 해법이라는 데에 방문단은 합의했다. 거기에 한국이 대만, 일본 등 미들파워와 연합해 제조와 응용의 단단한 '니치 동맹'을 만들어야 한다는 조건을 덧붙였다. 모처럼 마음이 가벼워졌다.

AI정치학: 국가, 자본, 14억 인구의 합작

미국의 '실리콘제국'이 자본주도의 작품이라 한다면, 중국의 '장강 AI신제국'은 국가, 자본, 14억 인구가 결합해 만든 초유의 혁명이다. 14억 인구는 인재풀, 제품 수요, 데이터 공급의 총괄 원천이다. 국가는 정책설계와 지원을 책임지고, 기업은 정책실행자, 시장은 성패를 알려주는 심판자다. 당의 역할은 절대적이다. 큰 틀의 조정과 세부 영역별 경쟁 촉진이 결합된 이른바 혼합시장인데, 세계에서는 볼 수 없는 AI정치학이다. 핵심 당 간부들은 40일마다 열리는 AI학습과 토론회에 의무적으로 참가한다.

규제 천국인 한국이 '피지컬 AI강국'이 되려면 대체 어떤 AI정치학이 필요한가? 거대 이웃 국가에서 미증유의 혁명이 일어나고 있는데 그것에 필적하는 대안은 무엇인가? 도전과 실험정신을 일깨우는 기업가적 국가, 민간의 밀집 경쟁과 창의적 기업을 결합하는 방식은 어디에 있는가? 중국의 AI굴기는 분명 한국에 '기회의 창'을 열고 있지만, 정부, 기업, 시장, 인재의 21세기적 기획 없이는 '절망의 늪'이 될지 모른다. 오디세이는 그 기회의 창을 활짝 열어젖힐 집단지성을 찾아 나설 것이다. 아직 늦지 않았다.

평화 오디세이-중국 AI굴기 현장리포트 ②

중국 'AI혁명' 국운 건 전력질주… 한국은 그만큼 절박한가

중앙일보, 2025년 7월 17일, 종합 10면

오세정
전 서울대 총장

중국의 인공지능(AI) 연구와 산업 현장을 살펴보는 평화 오디세이 2025에 다녀온 느낌을 한마디로 정리하라면, 중국이 매우 절박한 심정으로 AI시대로의 전환을 준비하고 있다는 것이다. 물론 중국에 가면 항상 그 규모에 놀라게 된다. 여의도 면적의 절반에 가까운 화웨이 '롄추후(練秋湖) R&D 센터', 1만 개가 넘는 벤처기업이 입주해 있는 항저우 AI타운 등은 상상을 초월하는 규모였다. 중국의 거대한 국토와 인구에서 나오는 이러한 차이는 당연하겠지만, 이번 방문에서는 그 외에도 한국과 중국의 또 다른 커다란 차이점을 느꼈다. 즉 중국은 절박한 심정으로 산·관·학(産官學)이 합심해 AI시대로의 전환을 위해 전력을 기울이고 있는데, 한국은 절박함도 부족하고 말만 앞세우지 실행은 늦다는 점이다.

중국, 알파고 이후 AI 핵심 전략 설정

사실 인공지능의 힘을 일반인들이 처음 알게 된 것은 2016년 3월 우리나라에서 열린 이세돌 9단과 인공지능 프로그램 알파고 간의 바둑 대결일 것이다. 당시 대부분의 전문가들은 바둑은 경우의 수가 너무 많아 컴퓨터가 인간 고수(高手)를 이기기 어려울 것이라고 예상했다.

그러나 알파고는 이세돌 9단을 4대 1로 이겼고, 한국에서는 이를 계기로 AI와 4차 산업혁명 시대를 이야기하는 사람들이 많아졌다. 하지만 범국가적 정책이나 계획이 적극적으로 추진되지는 못했다. 중국에서는 이보다 1년쯤 뒤인 2017년 5월 알파고와 커제 9단의 바둑 대결이 있었다. 여기서도 알파고가 3연승을 거두었고, 커제 9단은 마지막 대국에서 눈물까지 흘렸다고 한다. 그러자 중국 정부는 AI를 국가 핵심 전략으로 선정하고, '컴퓨터 비전, 딥러닝, 하드웨어, AI 응용'으로 이어지는 체계적인 기술발전 로드맵을 만들었다. 말만 무성했던 한국과는 달리, 중국은 범국가 정책을 마련해 실천하기 시작했다. 그 후 7년이 지난 2024년 영국의 토터스미디어가 분석한 '글로벌 AI 인덱스'를 보면 미국이 1위 (100점), 중국이 2위 (53.9점)를 차지하는데 비해 한국은 27.3점으로 6위에 그치고 있다.

한국, 일본 앞섰다는 자만심에 혁신 약화

왜 이런 차이가 났을까. 필자가 보기에 가장 큰 이유는 한국의 때 이른 자만심과 이에 따른 안일한 자세라고 생각된다.

우리나라는 1990년대 "산업화는 늦었지만 정보화는 앞서가자"라는 슬로건 아래 디지털 시대를 준비해서 세계적인 IT강국으로 발전했다. 정부는 초고속 인터넷 인프라를 전국에 깔아 주었고, 민간기업은 디지털 기술로 아날로그 시대에 안주해 있던 일본 전자 업체를 앞서기 시작했다. 네이버·카카오 등 인터넷 기업과 넥슨 등 세계적인 게임 업체도 이 시기에 설립됐다. 결국 2023년에는 1인당 국민소득이 일본을 앞서는 성과를 냈고, 많은 국민이 드디어 선진국에 진입했다고 환호했다. 하지만 이러한 성공은 한국 특유의 '헝그리 정신'을 약화시킨 것 같다. 마치 일본이 아날로그 전자제품으로 전 세계를 휩쓸자 디지털 시대에 대한 대비를 소홀히 했듯이, 우리도 정보화 시대의 성공 경험이 자만심으로 이어져 인공지능이라는 새로운 도전에 응전하는 개혁 의지가 약해진 것이다.

우선 정부를 보자. 항저우의 신경과학 스타트업 브레인코(Brainco) 가 개발한 첨단 의수(bionic hand)와 의족은 장애인의 삶을 획기적으로 개선할 수 있는 '피지컬 AI'제품이다.(중앙일보 7월 7일자 1면) 2023년 아시안 장애인 올림픽 개막식에서 이 의수를 착용한 선수가 성화를 점화해 세계적인 이목을 끌기도 했다. 그런데 로보틱스 전문가들에 의하면 기술보다도 그러한 제품이 이미 시판되고 있다는 사실이 더욱 놀랍다는 것이다.

AI스타트업 육성 힘 쓰는 중국 정부

한국이었다면 정부의 인증을 받는데 몇 년이 걸릴지 모를텐데, 중국 정부는 신속히 판매 허가를 내주어 스타트업이 성장하는 것을 도와주고 있다는 것이다. 또 다른 스타트업 딥로보틱스가 개발한 4족 로봇은 이미 중국의 소방과 경비 분야에 납품하면서 많은 매출을 올리고 있었다. 이처럼 중국 정부와 공공기관은 AI스타트업 육성을 위해 협조를 아끼지 않고 있다. 반면 한국에서는 '용인 반도체 클러스터'에 필요한 전력 확보 문제도 해결하지 못하고 있다. 중앙정부는 책임지고 해결할 의지가 없고, 지방정부는 주민 반대를 이유로 오히려 방해하고 있으며 한전은 대책없이 시간만 끌고 있다. 기업들도 근본적인 혁신에 미적거리고 있다. 지난 수십년간 한국의 산업 구조가 거의 변하지 않았다는 사실이 이를 잘 보여준다. 얼마 전 엔비디아가 미국 증시 사상 최초로 시가총액 4조 달러를 넘었다고 해서 화제가 됐는데, 엔비디아는 4년 전만 해도 20위 안에도 들지 못했던 기업이다. 세계 시장에서는 이처럼 기업 순위의 변동이 심해서, 올해 5월 시가총액 10위 안에 드는 기업 중 20년 전인 2005년에도 10위 안에 있었던 기업은 2개 밖에 없다. 반면 한국의 경우에는 올해 시가총액 1위 기업이 삼성전자인데, 20년 전에도 삼성전자가 1위이었고 시가총액 10위 안의 기업도 7개는 똑같다. 즉 한국에서는 새로운 혁신 기업의 출현으로 산업생태계가 역동적으로 변화하지 못했다는 뜻이다.

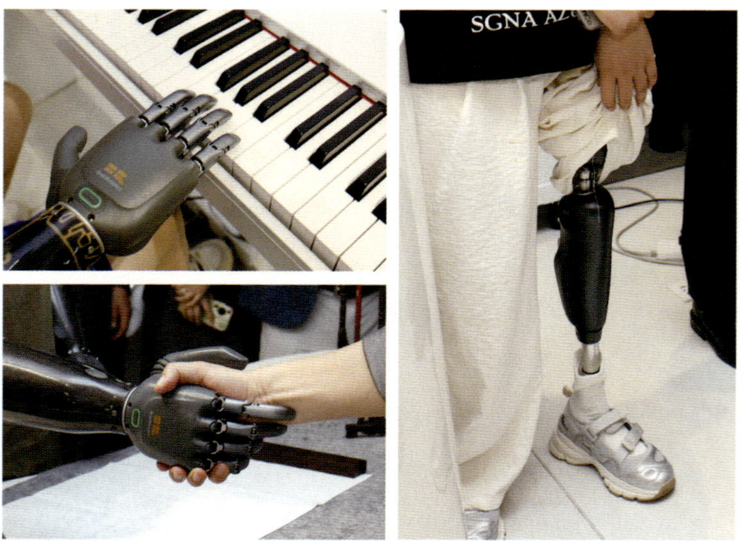

브레인코는 신체를 절개하지 않고 뇌파로 인공 손·발을 움직이는 BCI 기술을 실용화했다. 위 사진은 피아노를 치고, 악수 하고, 걷는 모습.

한국은 전공별 학생조정 거의 불가능

딥로보틱스 4족 로봇

산·관·학의 마지막 축인 학(學), 즉 교육에 대해서는 더욱 할 말이 없다. 창의적인 인재를 양성해야 하는 교육기관이 가장 혁신에 앞장서야 할 것인데, 한국은 오히려 발목을 잡는 형국이다. 우선 대학의 전공별 학생 정원 조정이 거의 불가능해서, 배출되는 AI 인재 숫자가 터무니없이 부족하다. 미국 시카고대 폴슨연구소에 의하면 세계 상위 20% 수준의 AI 연구자 중 중국 출신이 47%로 압도적 1위를 차지하고 있는데, 한국 출신은 2%에 불과하다. 사실 중국의 AI 인재 양성은 오래 전부터 체계적으로 이루어져 왔다. 일찍이 2001년 덩샤오핑의 지시에 따라 초등학교 3학년부터 정보기술 교육을 실시하기 시작했다. 반면 우리나라는 2018년이 되어서야 초등학교와 중학교에 소프트웨어 교육이 도입되었다. 그나마 초등학교 5~6학년에 17시간, 중학교 3년간 34시간뿐이다. 이는 중국 베이징시 초등학교의 정보기술 교육 시간 132시간에 비하여 터무니없이 부족하다. 이러니 우리나라 학생들의 소프트웨어 소양이 중국에 비해 떨어질 수밖에 없다.

중국은 과학자를 국가 영웅 대접

또한 중국은 과학자를 국가 영웅으로 대접하고 과학영재 프로그램을 체계적으로 운영하고 있다. 초등학교·중학교 과정부터 영재 선발 프로그램이 있어 특별한 교육을 받고 대학입시에서도 예외적인 대우를 받는다. 딥시크를 창업한 량원펑도 이 프로그램을 통해 17세의 나이에 저장대에 입학할 수 있었다. 반면 한국의 대학입시는 '형평성'만 강조해서, 국제 올림피아드에서의 수상 실적도 자기소개서에 쓰지 못하게 되어 있다. 우리나라는 천재급 인재를 선발하고 양성하는 제도가 약한 것이다. 중국 정부는 또 인재들이 좋은 교육을 받을 수 있도록 대학의 수준을 높이기 위한 정책을 폈다. 1991년 '211 공정'을 시작으로 '985 공정'(1998년), '쌍일류(雙一流) 프로젝트'(2017년) 등 주요대학 중점육성 프로젝트를 시행해 많은 재정을 투입했다.

한국서 배우던 중국, 이젠 입장 역전

이와 함께 2008년부터 '천인계획(千人計劃)'을 실시해 (현재는 '치밍'이라는 프로그램으로 대체) 해외 석학을 유치했다. 이러한 노력의 결과로 중국 대학들의 경쟁력은 급격히 상승해, 2025년 QS 세계대학평가에서 상위 100위 안에 10개의 중국 대학이 포함되고 (한국은 3개), 베이징대가 아시아대학 중에서는 수위를 차지하게 된다. 특히 인공지능 분야의 연구 수준이 높아, 지난 10년간 출원된 생성 AI 관련 특허의 70%는 중국에서 출원된 것이다. 반면 한국 대학은 정부의 간섭과 재정 부족으로 경쟁력이 오히려 떨어지고 있다.

한국, 미래 위한 개혁 리더십 필요

중국은 산·관·학의 일치된 노력으로 선진국 제품을 모방해 제조·판매하는 단계를 벗어나, 이제 4차 산업혁명을 이끌어 갈 인공지능과 로보틱스 등의 분야에서 세계를 선도하는 국가로 도약했다. 한·중 수교 후 과거 30여 년 동안은 주로 중국이 우리에게서 배워갔지만, 이제는 우리가 미래 기술에 대해 중국으로부터 배워야 하는 입장으로 바뀐 것이다. 그러나 아직도 우리나라 국민들이 느끼는 위기감은 약하고, 미래를 위해 필요한 개혁을 이끌어 갈 리더십도 잘 보이지 않는다. 과연 한국은 중국을 쫓아갈 수 있을까.

1. AI = 전기 + 석유 + 핵
Is China Beating the U.S. to AI Supremacy?

침투하며 근본적 변화를 야기
경쟁력을 확보
가능성도 제기
COMMISSION MEMBERS

A.I.+教育

全国落地生根
1.3+亿
이광형
오세정

평화 오디세이-중국 AI굴기 현장리포트 ③

AI로봇도 중국천하… "2050년엔 인간 월드컵 우승팀 꺾겠다"

중앙일보, 2025년 7월 22일, 종합 10면

엄윤설
에이로봇 대표

지난 15~21일 브라질 살바도르에서 '2025 국제 로보컵대회'가 열렸다. 로보컵은 월드컵을 본떠 만든, 로봇들이 100% 자율적으로 경기를 펼치는 축구 대회다. 로보컵에 포함된 다양한 종목 중에 으뜸은 '어덜트 사이즈(Adult-size·실제 사람 크기) 휴머노이드 로봇 리그' 경기다. 이 리그가 꿈꾸는 최종 목표는 2050년 휴머노이드 로봇으로 구성된 로봇팀이 인간의 월드컵 우승팀을 상대로 경기를 치러 승리하는 것이다. 손흥민 같은 선수 11명이 뛰는 인간 팀을 상대로 휴머노이드 11대가 경기를 뛰는 모습은 상상만 해도 짜릿하다. 최근 중국에서 휴머노이드 로봇들의 단축 마라톤 경기가 열렸던 것을 감안하면, 머지않은 미래에 로봇들이 축구경기를, 그것도 월드컵 우승팀을 상대로 갖는다는 것도 가능할 법한 일이다. 월드컵 우승팀을 상대로 로봇이 이기는 경기를 치르겠다는 것은 인간의 신체적, 지적 능력을 뛰어넘어 보겠다는 야심 찬 목표다.

2025 로보컵은 중국산 휴머노이드가 대세

로보컵 경기 규정은 월드컵 룰에 맞춰 매년 더 어려워진다. 필자는 지난 수년간 로보컵 휴머노이드 어덜트 사이즈 리그에 참여하며, 휴머노이드 로봇의 발전을 지켜봐 왔다. 최근 그 변화 중에 가장 두드러지는 것은 중국팀들의 괄목할만한 성장이다. 올해 경기에 참여한 4개 팀 중 3팀이 중국 팀(칭화대 2팀, 저장대 1팀)이다. 나머지 한 팀은 미국 팀(텍사스 오스틴대)인데, 미국인 교수가 이끄는 이 팀의 연구원들은 대부분 중국인이고, 중국산 휴머노이드 로봇을 무료로 지원받아 경기에 참여하고 있다. 다시 말해 2025년 로보컵 휴머노이드 어덜트 사이즈 리그는 온통 중국산 휴머노이드 천지다. 그간 출전했던 각국의 개성 넘치던 다양한 형태의 휴머노이드들은 다 어디로 사라진 걸까. 어쩌다 이런 결과가 생긴 걸까. 이 결과의 원인은 무엇일까.

‘제조2025’ 외친 중국, 로봇 기술연구 가속

그 답은 필자가 최근 ‘2025 평화 오디세이’ 여정에 참여하며 목격했던 중국의 과학기술 굴기에 있었다. 2015년 5월, 중국은 첨단 제조업 중심의 산업 현대화를 목표로 하는 ‘제조2025’를 선포하고 로봇·AI·5G·반도체·신에너지 차량·바이오·항공우주·첨단소재 등 10대 전략산업 육성을 천명했다. 그러자 미국 트럼프 1기 행정부는 이를 단순한 경제문제가 아닌 국가안보에 대한 위협으로 보고 2018년 중국과 무역전쟁을 시작했다. 중국산 제품에 대한 관세부과와 함께 첨단 반도체 수출 제한, 화웨이를 비롯한 중국 기술기업에 대한 차단 등을 단행했다. 이른바 기술 디커플링이 시작된 것이었다. 미국의 이러한 디커플링은 결과적으로 중국의 기술 굴기를 가속했다.

평화 오디세이 2025의 여정에 함께하게 됐을 때, 확인하고 싶었다. 지금 중국 안에서 정말로 어떤 일이 일어나고 있는지를. 이번 평화 오디세이 여정은 상하이에서 시작해 저장성까지 이어지며 중국의 인공지능 및 로봇 기업, 대학을 방문하는 일정으로 채워졌다. 그중 가장 기억에 남는 곳이 로봇 스타트업 딥로보틱스다. 이곳의 주력은 4족 로봇으로, 흔히 볼 수 있는 로봇 개와 같은 형태다. 전통적인 4족과 차이가 있다면, 네 개의 발끝에 바퀴를 장착해 주행과 보행을 동시에 구현할 수 있는 형태라는 점이다.

사륜4족 먼저 개발 스위스보다 상용화 빨라

딥로보틱스의 사륜 4족 로봇인 링스 M20은 평화 오디세이 일행에게 평탄하지 않은 험지를 달리고 계단을 오르는 등의 모습을 선보였다. 그들의 빠르고 안정적인 구동은 일행의 탄성을 자아내기에 충분했다. 이렇게 주행과 보행을 동시에 구현하는 사륜 4족 로봇이 딥로보틱스만의 고유한 기술인가하면, 그렇지 않다. 대표적으로 비교해 볼 만한 것이 스위스 취리히연방공대의 로보틱 시스템즈랩에서 개발한 애니멀(ANYmal)이다. 애니멀의 첫 프로토타입이 완성된 것은 2015년이었으니, 시기적으로도 딥로보틱스의 사륜 사족보다 앞선다. 그럼에도 필자가 두려움을 느끼며 주목했던 부분은 딥로보틱스는 이미 상용화에 진입했다는 점이었다. 필자는 아직 애니멀이 상용화되었다는 소식을 듣지 못했다.

현장 투입된 중국로봇, 학습 데이터 쌓인다

상용화가 중요한 이유는 단순히 경제적 이익 때문만은 아니다. 상용화, 즉 로봇이 현장에 투입되어 임무를 수행하고 있다는 것은, 현장의 데이터를 수집하고, 이를 학습하여, 해당 로봇의 인공지능을 더욱 강화할 수 있다는 데 진정한 의미가 있다. 현재 링스 M20은 발전소 등에 투입돼 경비와 감시 업무를 수행하고 있다. 발전소에서 일어나는 여러 상황과 이에 대처하기 위한 학습용 데이터들을 수집하고 있다는 뜻이다. 현장에서 수집할 수 있는 학습용 원 데이터(Original Data)들은 피지컬 AI의 핵심이다. 애니멀과 링스 M20의 하드웨어 성능이 비슷하다면, 결국 승부는 인공지능에서 결정될 것이고, 더 많은 양질의 데이터를 확보한 링스 M20이 인공지능에 있어 월등한 성능을 보일 수 있다는 뜻이다.

중국, 드론·로봇청소기 시장 가성비로 제패

어떤 원인이 서로 비슷한 두 로봇의 완전히 다른 현재 상황을 만들었을까. 바로 가격이다. 애니멀의 가격은 18만 달러로 알려져 있다. 링스 M20의 가격은 1만8000달러로, 애니멀의 10분의 1에 불과하다. 서로 비슷한 성능의 로봇 가격이 10배 차이 난다면, 과연 소비자는 무엇을 선택할까. 10배 차이 나는 가격은 다양한 제조업을 기반으로 한 중국의 산업구조와 저렴한 인건비, 그리고 정부 정책의 뒷받침이 만들어낸 결과다. 그럼 과연 이것이 사륜 4족 로봇에만 머물러 있을 현상인가. 당연히 아니다. 몇 년 전만해도 한국을 비롯한 전 세계에 수많은 드론 기업들이 존재했지만, 지금은 중국의 DJI가 드론 세상을 제패했다고 해도 과언이 아니다. 로봇 청소기는 어떠한가. 국내에도 대기업부터 중소기업까지 수많은 기업이 있었지만, 지금은 중국 로

보락이 세계 시장을 섭렵했다.

한국 로봇기업, 큰 비용 탓 성장 기회 날려

지금 필자가 목도하고 있는 광경은 중국의 제조 2025 선언, 미국의 디커플링 정책, 다시 중국의 기술 굴기로 이어지는 모든 원인의 결과다. 필자의 팀은 올해 로보컵 대회에 참가하지 못했다. 경기가 열리는 브라질 살바도르까지 40시간에 가까운 이동 시간도 부담스러웠지만, 더 큰 이유는 비용이었다. 필자의 팀은 20여 명으로 구성되는데, 왕복 항공권에 숙박·체류비를 포함하면 매년 열리는 경기를 위해 평균 1억원 정도의 비용이 소모된다. 그런데 살바도르는 사전에 계산해보니 1억원을 훨씬 초과하게 드는 것으로 예상되었다. 필자의 팀은 기업과 대학이 연합한 팀이다. 아무리 1년 살림을 알뜰하게 산다고 해도, 필자의 회사 같은 스타트업이 참여하기엔 부담스러운 금액이다. 영리기업도 이런데, 대학으로만 이뤄진 팀은 오죽할까. 그간 큰 비용이 들어도 필자의 팀이 기를 쓰고 로보컵에 참여해온 이유는, 로보컵을 준비하는 동안 집중적으로 일어나는 휴머노이드 로봇 기술의 진보 때문이다. 그런데 그 기술적 진보가 비용이라는 장벽에 가로막히면 번번이 주저앉게 된다.

정부, 로봇시장서 경쟁 가능토록 지원해야

휴머노이드는 주권산업이다. 모든 로봇이 저마다 중요성을 띠고 있지만, 인간의 형상을 닮은 휴머노이드는 특유의 범용성 덕분에 다른 로봇들과는 혁신적 파괴력의 수준이 다르다. 전투기를 만들 수 있는 나라와 그렇지 않은 나라의 국방력의 수준이 다르듯, 앞으로 휴머노이드를 직접 만들 수 있는 기술을 갖춘 나라와 그렇지 않은 나라의 국력은 달라질 것이다. 그런 주권산업인 휴머노이드가, 중국의 기술 패권 앞에 큰 위기를 맞고 있다. 누군가는 경쟁을 통해 더 강해지는 법이니, 휴머노이드 산업의 문을 완전히 개방하고 무한경쟁해야 한다고 주장한다. 일면 맞는 말이다. 그러나 20년에 가까운 세월 동안 대한민국의 휴머노이드를 최전선에서 지켜본 경험에 의하면, '경쟁'도 그럴 만한 힘이 있을 때나 가능한 것이다.

열매를 원하는 농부는 씨앗을 파종하고, 그 씨앗이 싹을 틔우고 뿌리를 내릴 때까지 정성으로 돌본다. 식물은 일정 수준 뿌리를 내려야 비바람을 맞아도 견뎌낼 수 있기 때문이다. 아직 뿌리도 내리지 못한 새싹에 너는 왜 경쟁에 도태되었는지 묻는다면 그것이 과연 공정한가. 평화 오디세이 여정을 통해 비바람을 품은 거대한 구름이 몰려오는 것을 보았다. 이제 겨우 싹을 틔우기 시작한 대한민국 휴머노이드 로봇 산업이 어느 정도 뿌리를 내릴 때까지, 정부가 농부가 되어 주기를 바란다. 2026년 로보컵 경기 개최지는 대한민국의 인천이다.

평화오디세이
여러분의 아
방문을 진심으

대표단
라이텍
합니다!

평화 오디세이-중국 AI굴기 현장리포트 ④

절박함이 일군 중국 AI 굴기… 한국은 '골든타임' 5년 남았다

중앙일보, 2025년 7월 24일, 종합 10면

평화오디세이-중국 AI 굴기 현장 리포트

이경일
솔트룩스 대표

정말 잠깐이었다. '평화 오디세이 2025'로 찾은 상하이의 겉모습이 코로나19 팬데믹 이전과 큰 차이가 없을 것이란 생각이 깨진 데 걸린 시간이다. 중국 인공지능(AI) 기술에 대해 이미 충분한 정보와 경험이 있다고 믿었던 필자에게 센스타임과 화웨이 R&D센터에서 받은 충격은 그들의 현재 기술 수준 때문이 아니었다. 센스타임의 회장인 쉬리 박사의 첫인상은 생각보

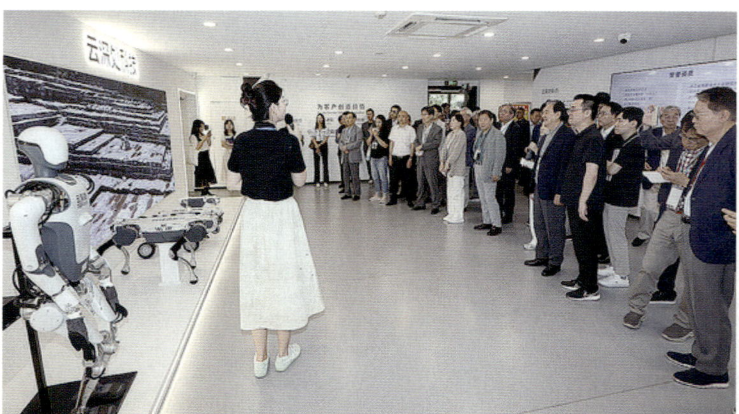

한반도평화만들기(이사장 홍석현 중앙홀딩스 회장)의 평화 오디세이 방문단이 딥로보틱스 로봇에 대한 설명을 듣고 있다.

다 너무나 젊었고, 단호하며 단단한 눈빛을 가지고 있었다. 더 놀라운 점은 참관단의 정치·경제·경영적 질문에 막힘 없이 대답하는 그가 50여 편 이상의 인공지능 논문을 쓴 공학도라는 것이다. 중국 AI 기업 경영자와 연구자를 만나며 내가 가진 두려움은, 좌절할 만한 한계와 고통에도 미래 50년을 향해 더 단단한 기반 기술과 창의적인 해법을 찾아 필사의 노력을 다하는, 말 그대로 우뚝 서는 굴기와 넘쳐나는 자신감을 온몸으로 느꼈기 때문이다.

중국, 자체 생산 GPU로 고성능 만들어

미·중 기술 패권 경쟁 속에서 미국은 2022년 10월부터 엔비디아의 최첨단 AI 반도체 수출을 금지하고, 초정밀 반도체 장비의 대중 수출도 막고 있다. 과거 얼굴 인식으로 유명했던 센스타임은 수입이 불가한 고성능 칩 부족과 미국 정부의 사업 제재를 오히려 혁신의 기회로 삼고 있었다. 센스타임의 AI 클라우드 플랫폼은 한 번의 대규모 모델 훈련에 5000개 이상의 이종(異種) 칩으로 그래픽처리장치(GPU)를 연결했다는데, 이렇게 해도 단일한 최고급 GPU로만 구성한 경우 대비 95%에 달하는 효율을 달성했다고 한다. 다시 말해 값싼 구형 칩 수천 개를 조합해서 첨단 단일 칩으로 구성된 클라우드를 대체할 수 있다는 것이다. 이러한 엔지니어링 발전은 미국의 제재로 궁지에 몰린 상황에서 나온 창의적·실용적 혁신이기에 더욱 주목할 만하다. 고성능 GPU 부족으로 국가 AI 경쟁력이 떨어지고 있다고 하소연해 왔던 필자를 포함한 우리 연구자와 기업인들을 너무나 부끄럽게 만드는 순간이었다. 한 중국 전문가의 표현대로 "중국 AI의 경쟁력은 도전과 실험을 허용하는 문화, 그리고 강한 위기의식에서 나온다"는 것이 피부에 와닿았다. 두려움을 모르는 도전 정신과 생존을 건 위기감이야말로 중국 기술 굴기의 밑바탕인 것이다.

미국 제재에도 AI 기술자립 눈앞

모건스탠리는 중국의 AI용 GPU 자급률이 2024년 34%에서 2027년 82%까지 상승할 것으로 분석했다. 이는 중국이 미국의 제재 속에서도 괄목할 만한 기술 자립을 이뤄낼 것을 시사한다. 시진핑 주석은 올 4월 정치국 회의에서 '자력갱생'과 '자주 통제 가능한 AI 생태계 구축'을 강조하며, 미 제재를 계기로 오히려 자체 하드웨어, 소프트웨어 생태계 구축에 박차를 가하고 있다. 단기적 승산과 성과가 아닌 중국 미래 50년을 향해 힘겹고 고통스럽지만 위대한 발걸음을 선택한 것이다.

이번 방문에서의 또 다른 깨달음은 AI를 바라보는 인식과 접근법이었다. 우리에게 AI는 업무 효율화와 혁신을 위한 기술로 여겨져 왔지만, 중국은 AI를 국가 미래를 좌우할 새로운 산업 그 자체로 인식하고 있었다. 이미 2015년 중국 정부는 AI 관련 산업발전 로드맵을 수립하여 독립적 생태계 구축과 발전 전략을 시행해 왔으며, 2017년에는 AI를 국가 핵심 전략산업으로 격상, 세계 1위로 도약을 위한 청사진과 치밀한 실행계획을 수립, 실행해 왔다.

산업 응용과 국가 안전에 AI 적극 활용

실제 중국의 AI 담론은 미국 AI 선도 기업들의 AGI(인공일반지능) 추구와 그 결이 상당히 다르다. 중국은 경제와 산업 응용 그리고 국가 안전과 안보에 그 초점을 맞추고 있다. 중국 중앙정부는 AI 전용 펀드(약 8조2000억원 규모)를 조성해 스타트업을 지원하고, 국가 AI 종합 컴퓨팅망 구축으로 공공과 민간 데이터센터를 하나로 묶으며, 상하이·선전 등지에 국가 AI 실험구와 개방형 연구소를 설립해 인재와 기술을 끌어모으고 있다. 이런 체계적 지원 위에 알리바바·바이트댄스 같은 민간 기업들도 수조원 단위의 투자를 쏟아부으며 응답하고 있다. 그 결과 수백만 명에 달하는 공학 인재들이 첨단기업에 투입돼 AI 기술의 상용화와 확산을 이끌고, 14억 인구로 구성된 내수 시장은 신기술을 기꺼이 받아들이며 폭발적 실증 시장 역할을 하는 것이다. 이러한 자생력 있는 생태계야말로 코로나19와 미국 제재 속에서도 중국이 버텨낸 힘이었다.

피지컬 AI 혁신과 산업화 상당한 수준

이번 방문단이 마주한 놀라움 중 하나는 중국이 인공지능 인프라와 소프트웨어뿐 아니라 로봇을 포함한 피지컬 AI 혁신과 산업화도 상당한 수준이

딥로보틱스의 바퀴 달린 4족 로봇은 사막·바위 같은 험지나 물 속에서도 거침없이 이동한다. [딥로보틱스 홈페이지]

라는 것이다. 항저우에서 찾은 딥로보틱스는 중국의 4족 보행 로봇 선도기업으로, 마치 미국의 보스턴다이내믹스를 연상케 했다. 수산나 로 이사는 아무것도 아니라는 듯 그 작은 몸으로 담담하게 회사의 기술과 제품을 소개했다. 산과 들로, 계단을 넘나드는 로봇들의 놀라운 '쇼'를 보고 왔던 터라 참관단 모두는 이미 그녀의 회사 소개에 쏙 빠져 있었다. 이 회사는 개처럼 생긴 4족 보행 로봇을 개발하여 지하 터널 등 사람이 위험하거나 접근하기 어려운 곳에 투입하고 있었는데, 이미 싱가포르 전력회사와 손잡고 실제 지하 전력구에 로봇견을 배치하는 등 상용화 단계에 진입하고 대규모 양산을 시작한 모습이었다.

보스턴다이내믹스 앞서는 로봇 기능도

특히 최근에는 바퀴를 결합한 신형 로봇을 선보여 거친 야외 지형도 고속으로 주파하는 등 기술적 창의성을 뽐내고 있다. 아는 맛이 더 무섭다고 했던가. AI 기업으로 이미 여러 로봇 회사들과 협력한 경험이 있던 필자에게 수산나의 설명은 정말 같이 일해 보고 싶다는 동경과 열망을 불러일으켰다. 특히 감속기와 액추에이터를 자체 개발 생산하고 있으며, 자체 공장에서 로봇들을 이미 '양산'해내고 있기 때문이다. 보스턴다이내믹스든 테슬라든 모두 아직 하지 못하는 것들을 말이다.

대한민국의 AI 3대 강국은 가능할까. 토터스미디어의 2024년 글로벌 AI 인덱스에서 한국은 6위에 있다. 사실 압도적 지위의 미국과 중국 외에 3위에서 10위는 소위 '도긴개긴'이라고 봐도 될 것 같다.

이 평가가 보여주는 의외성은 도시 국가인 싱가포르가 2년 만에 6위에서 3위로 빠르게 성장하는 동안 딥러닝 성지인 캐나다와 첨단기술 국가인 이스라엘은 빠르게 하락하고 있다는 것이다. 평가 척도의 적정성을 따지기 전에 이는 많은 시사점을 준다. 다른 산업과는 다르게 국가의 정책과 전략적 집중이 기술 및 산업적 성과와 국제 경쟁에서 빠른 효과를 낸다는 것이다.

R&D 예산, 화웨이가 한국 전체보다 많아

필자는 중국의 '굴기'가 단순한 외형적 확장과 선언적 목표가 아닌 절박함에서 시작된 실질적 혁신 과정임을 피력했다. 그래서 이재명 정부의 'AI 3대 강국 비전'과 '소버린 AI 전략'을 바라보는 필자의 마음이 더욱 절박해지고 간절해졌다. 대한민국 정부의 1년 R&D 총예산이 30조원 정도 된다. 화웨이 한 기업의 R&D 예산이 40조원이며, 구글은 70조원에 달한다. 국가 지원과 R&D 만으로는 이미 경쟁이 되지 않는다.

그러나 대한민국은 세계에서 가장 지적이고 속도감 있는 국민에 의해 기술 친화적인 사회와 경제 체계를 단기간에 만들어낸 국가다. 그래서 우리는 세계 1등 IT 강국이 될 수 있었고, 세계 최고의 전자정부를 운영할 수 있었다. 이런 저력을 살리면, 우리 정부의 정책이 초기 인프라 투자를 넘어 세계 최고 수준의 AI 경험을 우리 국민에게 제공해 줌으로써 시장 중심의 세계적 인공지능 경쟁력을 가질 수 있다고 본다. 더 나아가 한국을 세계적 AI 서비스와 제품의 '용광로'로 만들어야 한다. 전 세계에서 AI를 가장 잘 쓰며, 매일의 업무를 혁신하고 새로운 사업 모델을 만들어 낼 수 있는 국민과 기업이 더 격렬히 시장에서 경쟁하며 탁월한 국가를 만들어 갈 수 있다.

정부는 이를 위해 공정한 운동장을 만들어 주고, 적절한 초기 시장 마중물을 제공해야 한다. 절박한 기업들이 최선을 다해 경쟁하며 스스로 기술과 제품, 그리고 성공 사례를 만들어 갈 것이고, 이러한 노력은 혁신적 산업 발전뿐 아니라 국민의 삶을 보다 풍요롭고 안전하게 해 줄 것이다. 한국은행의 분석처럼 어쩌면 한국의 저출산 초고령화에 따른 국가 국내총생산(GDP) 감소(-16.5%)를 막을 가장 강력한 국가 전략이 인공지능이 될 수 있고, 그 미래가 향후 5년 내에 결정될 것이라는 절박함을 가져야 할 때다.

평화 오디세이-중국 AI굴기 현장리포트 ⑤

로봇이 권투하고 붓글씨 쓴다…
중국 전체가 'AI 실험장'

중앙일보, 2025년 7월 29일, 종합 10면

이희옥
성균관대 교수

매년 10여 차례 중국을 오가며 연구하는 필자에게도 평화 오디세이 대표단 일원으로 상하이에 들어선 화웨이 롄추후 R&D 캠퍼스, 인간의 오감을 모두 인공지능으로 구현하는 항저우의 혁신기업을 다녀온 소회는 특별했다. 한마디로 중국 기술 혁신의 속도가 빠르고 가속이 붙었다는 것이었다. '제2의 스푸트니크'라는 딥시크의 출현이나 유니콘 기업이 쏟아져 나오는 것도 우연이 아니고 샤오미가 '대륙의 실수'가 아니라 '대륙의 진격'이라는 점도 새삼 확인했다. 그러나 우리는 미·중 전략경쟁에 놀라 '안보도 미국, 경제도 미국'이라는 말을 쉽게 입에 올렸고 전임 정부에선 국무총리조차 '중국 경제가 고꾸라지고 있다'고 말하면서 탈중국 논리에 불을 붙이기도 했다.

그러나 미국과 유럽의 기업이 중국에서 질서 있게 철수하고 있다는 소식은 잘 들리지 않는다. 프랑스 국제관계 연구소(IFRI)에 따르면 트럼프 1기 행정부 때부터의 견제에도 불구하고 미국의 기업 투자는 지속했고, 특히 인공지능과 바이오테크에 집중됐다. 영국 제약사인 아스트라제네카가 베이징에 R&D센터를 건립했고 엔비디아도 상하이에 R&D센터 설립을 준비 중이다. 엔비디아의 CEO인 젠슨 황은 이달 중순 베이징에서 열린 제3회 중국국제공급망 촉진박람회 개

막사에서 "딥시크·알리바바·텐센트·미니맥스·바이두의 어니봇 등 중국의 AI 모델들은 월드 클래스"라고 강조하고 중국과 함께 미래 번영을 일궈가겠다는 포부를 밝혔다.

딥시크 량원펑 등도 정예 인재 육성반 출신

2017년 트럼프 1기 정부가 중국을 본격적으로 때리자, 중국은 '올 것이 왔다'고 보고, 대미 수출을 줄이고 지구전(持久戰)을 준비했다. 그리고 트럼프 2기 정부가 무역뿐 아니라 반도체, 인공지능(AI), 5G 통신, 우주항공 등에서 전방위적으로 압박하자, 중국은 '강요된 자립화' 카드를 꺼내 들었다. '신형 거국체제'를 선포하고 인력·기술·핵심광물·시장·자본·체제 등 가용한 모든 자원을 결합했고, 그래픽처리장치(GPU) 같은 하드웨어가 없으면 소프트웨어를 응용해 미래 게임체인저를 대비하고 있다. AI전략, AI+전략은 여기서 포착된 것이었다.

우선 우수한 과학기술 인재를 양성했다. 중국은 매년 1200만 명의 대학 졸업생 중 절반이 과학·기술·공학·수학(STEM) 전공자이다. 이들은 대체재가 있는 기술 인력 시장의 원천이다. 다른 하나는 정예 인력의 양성이다. 베이징대·칭화대·저장대 등 명문대는 이미 '천재반'을 운영하면서 별도의 트랙에서 인재를 키워낸다. 세계를 놀라게 했던 딥시크 창업자 량원펑이나 매니코어테크 창업자 황샤오황도 1년에 50명만 선발한다는 저장대 '주커전학원' 출신이다. 여기에 미국이 중국 학생의 유학을 막자 '여기서 한번 해보자'는 분노 게이지가 높아졌고, 대학과 기업이 파격적 초빙 조건을 내걸자, 해외 핵심 인재들이 속속 중국의 실험실로 몰려들었다. 유엔 산하 중국투자진흥

사무소(IPTO China)에 따르면 세계 상위 100명의 AI 전문가 중 절반이 중국의 연구소나 기업 소속이라고 밝혔다. 무엇보다 이들 과학기술 인재의 연령이 낮아지고 있다. 평화 오디세이 참가자들이 방문했던 센스타임이나 화웨이 직원의 평균 연령도 각각 33세와 31.8세에 불과했다.

상하이시, 화웨이 전용 고속도로 만들기도

또 하나는 과감한 선도적, 장기적 투자정책이다. 올해 중국 전체의 과학기술 투자 규모는 한국 정부 예산보다 많은 약 800조원에 달한다. 지난해 화웨이의 매출은 늘었지만, 적자를 기록한 이유도 약 1800억 위안(약 32조원)을 연구개발에 투자했기 때문이다. 지방정부도 팔을 걷어붙이고 있다. 상하이시 정부가 화웨이 R&D센터를 유치하기 위해 고속도로 톨게이트를 열어주고, 지하철 13호선을 연장해 주는 것은 기본이다. 아름다운 관광지였던 항저우가 중국의 실리콘밸리가 된 데는 기업 손실의 30%를 보전해 주는 파격적 지원책과 지방정부와 민간이 공동으로 펀드를 운용하면서 수많은 AI 관련 기업을 불러들인 효과가 크다. '항저우의 AI 고품질 발전행동계획(2024~2026년)'에 따르면 2027년까지 이곳의 AI 관련 기업은 3000개까지 늘어날 전망이다. 투자방식도 장기투자를 의미하는 인내자본(patient capital)을 강조하고 있다. 중국과학원 저우샹위 원사는 기초과학은 당장 쓸모없을지 모르지만, 나중에는 필요할 수 있다는 '무용지용(無用之用)'을 역설해 이를 정부 정책에 관철시켰다. 자판기에서 음료를 뽑듯이 기초과학과 신기술을 대하지 말라는 것이다.

중국 정부, 부처 칸막이 허물고 AI혁신 공부

그리고 인공지능을 포함한 미래산업의 관건은 여기서 밀리면 기회가 없다는 정책 의지였다. 중국공산당 권력의 중추인 정치국은 30~40일에 한 번씩 집체학습을 한다. 올해 4월 25일의 회의 주제는 '인공지능의 발전과 감독의 강화'였다. 전 부서가 칸막이를 허물고 전략을 공유하면서 모든 영역에 일시에 침투할 수 있도록 하기 위한 장치다. 과거에도 양자역학, 빅데이터, 디지털 차이나 등을 회의 의제로 올린 것을 보면 과학기술에 진심이다. 올해는 2015년에 수립한 '중국 제조 2025'를 마무리하는 해다. 반도체 자급률 목표를 제외한 거의 모든 핵심 산업 분야에서 괄목할 만한 성과를 냈다. 그리고 내년부터 2030년까지 '제15차 5개년 규획'을 시작한다. 이미 발표한 청사진에는 인공지능, 과학기술 인재, 과학기술 혁명, 고품질 경제 등으로 그 내용을 채웠다. 그러면서도 성과를 과장하지 않는다. 화웨이 런정페이 회장은 '우리 가족들은 아직 애플 휴대폰을 쓴다'고 경각심을 일깨우기도 했고, 시진핑 주석도 핵심 기술과 기초과학의 자립·자강은 아직 멀었다고 여러 차례 강조한 바 있다.

브레인코가 만든 바이오닉 핸드를 장착한 청년이 붓글씨를 쓰고 있다.

현금 결제 대신 QR코드, 일상에 스며든 AI

무엇보다 중국 인공지능의 확산은 생활 현장과 밀착해 나타난다. 중국에서는 현금거래가 사라진 지 오래다. 길거리 걸인도 목에 QR코드를 걸지 않으면 적선을 받지 못하고, 안면 인식, 정맥 인식을 통한 결제도 대중화되고 있다. 중국 태산에서는 'U2'라는 로봇 개가 쓰레기를 줍기 시작했고, 드론을 통해 커피와 음식을 만리장성으로 배달하기도 한다. 후베이성 우한에서는 자율택시를 넘어 자율자동차 렌터카 서비스를 시작했고, 화장실 소변을 통해 실시간 건강과 당뇨병을 검사하기도 한다. 이러한 현상은 '생각의 시장'으로 확대됐다. 이번에 방문한 브레인코(Brainco)에서는 로봇 의수로 서예를 하고 피아노를 연주하며 로봇 의족으로 높은 계단과 산을 자유자재로 오르는 것을 시현했다. 또 4족 로봇을 만드는 딥로보틱스 CEO 한비청은 평화 오디세이 방문단에게 "수많은 장애인을 일상의 삶으로 회복시키는 것이 우리 기업의 목표"라고 했다. 기업의 사회적 책임을 다른 방식으로 구현하는 셈이다.

휴머노이드 범용화로 사회 불균형은 문제

중국 전체가 문명사적 전환의 총아인 인공지능의 실험장으로 변하고 있다. 물론 중국 인공지능의 미래에 그늘이 없는 것은 아니다. 휴머노이드의 범용화로 인해 완전한 노동의 재편이 눈앞에 다가오면서 사회적 격차는 벌어지고 있고, 학문 간·산업 간·지역 간 불균형이 심화하면서 공동체 위기의 징후도 나타난다. 이런 점에서 중국 인공지능의 현장은 우리에게 절박성을 일깨우고 있지만, 민주주의·인권·프라이버시 등의 민주주의 정체성을 버리고 중국의 길을 그대로 따라가기 어렵고 초기 조건도 벌어질 대로 벌어져 온전한 우리만의 생태계를 구축하는 것도 무망해졌다.

제조공정·선진의료부터 전략적 우위회복을

따라서 공공 부분과 민간이 협동해 제조 공정과 선진 의료 등 우리가 잘할 수 있는 분야에 대한 선행투자와 장기투자로 전략적 우위부터 회복해야 한다. 그리고 중국과 초격차를 유지하기는커녕 추격하기도 벅차다면 금융과 문화 등 새로운 미래산업에서 인공지능을 결합하면서 차선을 변경할 필요도 있다. 또한 노동자 과로사가 발생하면 처벌과 휴식권 보장을 넘어, 인공지능으로 과로를 극복하는 것을 생각할 수 있어야 하고, 개별 학문의 벽을 허물고 화학적으로 융합하고 결합하는 대학의 혁신이 필요하다. 정부 역시 설비자금과 고용보조금을 주는 것보다 성과를 낸 스타트업 기업의 제품을 정부가 직접 구매해 주면서 혁신 회로를 돌리는 사고의 전환이 시급해졌다.

미국만 바라보고 있었던 우리는 이제라도 거대한 빅데이터, 인프라, 인력이 모인 중국 생태계에서 실험하고 한국의 미래에 접목할 수 있는 새로운 현지화, 미래 중국표준에 대한 대비, 이를 실천에 옮길 수 있는 최소한의 중국 전문가는 키워야 한다. 2025년 6월 영국의 '대중국 정책 검토보고서'에는 중국에 대한 단순한 처방을 기대하는 사람은 현실 세계(real world)에 살고 있지 않은 것이라고 했다.

평화 오디세이-중국 AI굴기 현장리포트 ⑥

딥시크로 전투기 만드는 중국… 정부가 'AI 인큐베이터'였다

중앙일보, 2025년 7월 31일, 종합 10면

이정동
서울대 공대 교수

한 달 전 재단법인 한반도평화만들기의 '평화 오디세이 2025'에 참가해 중국 상하이와 항저우의 첨단 산업현장을 둘러볼 수 있었다. 인공지능(AI)을 탑재한 로봇기업을 방문했을 때 네 발에 바퀴를 장착한 로봇이 앞에 놓인 장애물을 사람이 기어오르듯 올라가는 섬뜩한 모습에 다들 놀라워했다. 그러나 회사의 설명 중에서 중요하지만, 간과하기 쉬운 하나의 성장 비법이 숨어 있었다. 이 로봇기업은 중국의 전력망을 관리하기 위한 로봇을 판매하면서 초기 매출을 올리고 있었고, 그 돈으로 더 수준 높은 첨단 로봇기술을 개발하는 데 투자하고 있었다.

전력망 관리용 로봇을 구매하는 곳은 국영기업인 중국전력망공사이고, 그 구매자금은 당연히 공적 재원이다. 중국 정부 관점에서는 전력망 인프라를 관리해야 하는 공적 임무, 즉 '국가의 일'을 민간의 첨단기술을 구매해 더 효과적으로 달성하는 효과가 있다. 다른 한편, 로봇기업 관점에서는 쉽게 접하기 어려운 고난이도의 문제를 풀면서 기술 개발의 아이디어를 얻고, 게다가 공공매출로 얻어진 자금으로 더 첨단의 기술 개발에 투자할 수 있는 것이다. 정부는 국가의 일을 더 잘 달성해서 좋고, 기업은 기술개발을 위한 아이디어와 테스트베드에 투자금까지 얻을 수 있으니 그야말로 윈윈이다.

중국 배터리기업, 공공매출로 급성장

중국에서는 이러한 방식으로 첨단기술을 키워나가는 사례를 쉽게 찾아볼 수 있다. 최근 딥시크가 중국의 첨단 전투기 개발 과정에 활용되기 시작했다는 소식이 알려졌는데, 이 또한 딥시크의 차세대 버전을 위한 테스트베드와 자금을 정부가 제공하는 것으로 볼 수 있다. 배터리 기술도 마찬가지다. 대표적으로 2019년 중국 선전시의 2만대 가까운 공용버스를 모두 전기버스로 교체했는데, 이 과정에서 중국의 배터리 기업들이 많은 시행착오 경험을 축적할 수 있었고, 특히 최근 급속도로 성장한 리튬인산철 배터리 기술을 빠르게 업그레이드할 수 있었다. 당연히 배터리 기업들은 공공매출을 마중물 삼아 기술개발의 속도를 높일 수 있었다.

정부는 기업들을 일방적으로 지원한 것이 아니라 전기버스로 교체하면서 도시의 오염 수준을 극적으로 낮추는 공적 효과를 얻었으니 결코 손해가 아니다. 인공지능이나 로봇기술뿐 아니라 기술 선진국들을 긴장하게 만드는 중국발 에너지 신기술이나 우주기술, 양자기술 등이 사실상 거의 모두 이러한 방식으로 키워지고 있다고 해도 과언이 아니다.

국가 일 수행하며 기술 선진국 돼

이것은 중국에 한정된 이야기가 아니다. 오늘날 전통의 기술 선진국들이 자랑하는 대부분의 기술들은 국가의 일을 수행하면서 만들어진 것들이다. 가장 대표적인 예가 미국이 주도하는 첨단기술들이다.

예를 들어 2011년 애플이 아이폰4를 출시하면서 시리(Siri)를 선보였다. 세계 최초로 손안에 인공지능 비서를 갖게 만들었다는 소식에 '역시 애플!'이라는 찬사가 쏟아졌다. 그러나 시리의 음성인식 기술은 지금 같은 인공지능의 광풍이 불기 한참 전인 2003년에 미 국방부가 전투 현장에 필요한 음성인식용 인공지능 시스템을 만들어 달라고 문제를 출제한 프로젝트(CALO)에서 탄생했다.

애플 시리도 미 정부 요청으로 탄생

그 해법을 제시한 연구자와 기업가들이 만든 벤처회사 시리를 애플이 2억 달러에 인수했고, 아이폰4에 기본 사양으로 장착한 것이다. 따지고 보면, 애플이 자랑했던 시리 기술은 미 국방부가 국가 안보라는 국가의 임무를 혁신적 기술로 더 잘 달성하기 위해 문제를 출제했고, 민간에 자금과 테스트베드를 제공한 결과 싹이 튼 것이다. 민간의 혁신기업이 국가의 문제를 해결하고, 그 대가로 공공 자금을 받아 핵심 기술을 키워나간 전형적인 민관 협력 사례다. 인터넷, GPS, 터치스크린, mRNA 백신기술, 태양광 기술 등 오늘날 우리를 둘러싸고 있는 미국 주도의 핵심 기술들은 하나같이 미국 정부가 국가의 일을 해나가는 과정에서 탄생한 것들이다.

AI 기업을 지원하는 상하이 모쑤공간. 한 직원이 AI 기술을 접목한 기타를 치고 있다.

최근 트럼프 대통령이 일론 머스크와 관계가 틀어지면서, 스페이스X의 재활용 로켓 기술을 나사가 구매하지 않도록 하겠다며 엄포를 놓기도 했는데, 이 이야기를 뒤집어 보면, 첨단의 재활용 로켓 기술도 사실상 미국 정부가 국가의 임무를 수행하는 과정에서 공공구매를 통해 키워낸 것이라는 점을 알려주는 것이다.

정부가 신산업 육성 적극 나서야

이처럼 국가의 일을 첨단기술로 해결하면서 세계를 선도할 핵심 기술을 개발하고, 관련 신산업을 육성하는 정부의 역할을 '기업가형 국가'라는 한 단어로 표현하기도 한다. 즉 기업가들이 시장의 수요에 기반하여 신산업을 열어가듯이 정부 또한 공적임무를 수요로 활용해 마치 민간의 기업가처럼 신산업을 육성할 수 있다는 개념이다. 이 표현은 비교적 최근에 명시적으로 제시됐지만, 이미 오래전부터 실제로 많은 국가가 실행하고 있었고, 어쩌면 모두가 아는 알려진 비밀이라고도 할 수 있다. 앞서 말한 미국과 중국의 사례들이 모두 기업가형 국가의 역할로 만들어진 결과들이다.

우리나라에도 당연히 첨단의 기술적 해법을 요구하는 국가의 일들이 차고 넘친다. 국방 분야는 말할 것도 없고, 보건의료 분야의 백신과 같이 국민들의 삶의 질과 안전에 관련된 많은 공적 문제가 산적해 있다. 기후환경, 재난, 교육, 행정, 치안 등 사실상 정부의 모든 부처가 공적임무를 해결하기 위해 존재하고, 그 문제를 더 수준 높은 첨단기술로 해결하고자 한다면 할 일은 넘쳐난다.

AI 기술, 정부가 써야 실용화 빨라져

대한민국의 명운을 건 국가적 과제로서 떠오른 인공지능 기술도 마찬가지다. 인공지능은 기반기술이기 때문에 반드시 어디엔가 활용될 때 비로소 업그레이드될 수 있다. 인공지능이 쓰일 수 있는 다양한 수요처를 찾는 것이 급선무라는 뜻이다. 게다가 그 수요의 난도가 높아서 풀기 어려운 문제일수록 인공지능 기술의 발전을 위한 아이디어와 귀한 테스트베드를 얻을 수 있다. 이런 수요처가 공공부문 곳곳에 널려 있다. 이런 문제를 연구자나 기업이 해결하도록 정부가 문제를 출제하고 해법을 제시한 데 대해 대가를 지불하면, 인공지능 관련 기업의 매출이 일어나고 기술을 업그레이드할 수 있는 투자 여력이 생기는 것이다.

걸림돌 되는 규제 과감히 걷어내야

그러나 '기업가형 국가'를 실천하기는 생각보다 쉽지 않다. 특히 우리나라의 여러 가지 관행이 발목을 잡고 있는 경우가 많다. 예를 들어 국가적 일을 해결하는 첨단기술을 개발했다고 하더라도 정작 그 결과물을 구매해서 활용해야 하는 부서로 넘어가면 없던 일이 되는 경우가 허다하다. 결국 규정을 들이대는 감사를 받아야 하는 것은 구매부서의 실무자들이기 때문이다. 국가 연구개발 사업에서도 공적 임무를 목표로 연구비를 지원하는 경우가 많지만, 이 역시 개발된 결과물이 실제로 공공부문에서 채택돼 활용되는 경우는 많지 않다. 연구개발을 지원하는 곳과 실제 구매하고 활용하는 곳이 서로 다른 방식으로 일을 하기 때문이다. 이런 일이 반복되는 것은 무엇보다 정부가 국가의 일을 첨단기술을 가진 기업들이 해결하도록 문제를 출제하고, 그 결과물을 채택해서 활용한 경험이 적기 때문이다.

혁신조달 강화·전담기관 설치 필요

이제부터라도 국가의 일을 첨단기술로 해결하면서 신산업을 열어가는 '기업가형 국가'의 정책을 적극적으로 실천해야 한다. '기업가형 국가'의 정책이 제대로 작동하려면 무엇보다 정부의 각 분야가 담당하고 있는 공적 임무 가운데 첨단기술, 특히 최근에는 첨단의 인공지능 기술을 도입해서 해결할 수 있는 문제를 발굴하고 제시할 수 있어야 한다. 필요하다면, 이런 공적 임무를 첨단기술의 목표로 제시하는 전담기관도 설치할 필요가 있다. 미국의 경우 미 국방부 산하 고등연구계획국(DARPA)이 이 일을 전담하면서 인터넷, GPS, 인공지능, 자율차, 휴머노이드 등의 첨단기술 개발과 신산업 육성을 선도해 왔다.

다행히 우리나라에서도 2019년도부터 기업가형 국가로 나가기 위한 첫걸음으로 '혁신조달'이라는 개념이 공식적으로 도입됐고, 이 정책을 뒷받침하기 위해 조달사업법도 개정됐다. 그러나 앞서 이야기한 미국이나 중국의 사례에 비하면 아직까지 첨단기술의 개발과 신산업 창출을 목표로 한다고 보기에는 정책의 적용 범위가 좁고, 대상 기술의 수준도 미흡한 점이 있다. 그간의 경험을 바탕으로 진정한 '기업가형 국가' 전략으로 고도화시켜야 하고, 기술개발 정책이나 산업 정책과 연계하는 등 범부처적 지원이 필요한 부분 또한 많다. 무엇보다 정부가 국가의 일을 수행하면서 첨단기술을 육성하는 역할을 할 수 있다는 기업가적 마인드, 즉 '기업가형 국가'에 대한 모두의 공감대가 선행돼야 한다.

震旦

Create a

商汤
sensetime
0020.HK
股票代码
etter AI-powered Future Th
Innovation

About U
Byeong-seo

평화 오디세이-중국 AI굴기 현장리포트 ⑦

규제 없는 중국 AI 연구기지…
한국도 국가가 'AI 샌드박스' 만들어야

중앙일보, 2025년 8월 5일, 종합 12면

윤태성
카이스트 교수

한국은 인공지능(AI) 투자 100조원 목표를 세웠다. 구체적인 계획은 나오지 않았으나 인재 양성, 그래픽처리장치(GPU) 구매, 피지컬 AI를 포함해서 비슷한 제안이 많다. 관통하는 전략은 선택과 집중이다. 잘하는 기업을 선택하고 집중적으로 투자되어야 한다. 전략에는 시간이라는 변수가 있다. 인재를 양성하고 그 인재가 사회에서 제 몫을 하려면 20년 걸린다. GPU 구매를 위한 예산을 마련하고 실제로 구매해서 활용하려면 3년은 걸린다. 물리적 제품에 AI 기술을 활용하는 피지컬 AI가 시장에 보급되려면 10년은 기다려야 한다. 한국은 빨리빨리 국가다. 무엇이든 빨리 해서 이만큼 성장했다. AI 역시 빨리빨리 추진하고 눈에 보이는 성과를 만들어야 한다.

AI 기술 종목별 챔피언 모으는 화웨이

필자는 이러한 문제 인식을 가진 채로 평화 오디세이 일원으로 중국 현장을 방문했다. 그 결과, 중국에는 있고 한국에는 없는 부분을 발견할 수 있었다. 특히 상하이 외곽에 위치한 화웨이 롄추후 연구개발(R&D)센터가 촉매로 작용했다. 이곳의 넓이는 축구장 225개에 달하며 평균 연령 31.6세인 직원 2만4000명이 모여 있다. 화웨이를 보면서 필자는 의문이 들었다. AI는 가상 세계와 물리 세계를 네트워크로 연결하고 다양한 기술을 융합할 수 있는 지능을 가졌다. 이런 특징을 생각하면 굳이 한 곳에 모일 필요가 없다. 화웨이는 왜 이렇게 대규모 센터를 만들었을까? 필자가 발견한 답은 연구개발의 프레임이다. 선택과 집중에서 끝나지 않고 그 이후에 통합과 순환이 이어지는 프레임이다. 한국은 선택과 집중에서 끝난다. 중국은 통합과 순환을 추가한다.

화웨이는 통합을 위한 받침대다. 화웨이는 사실상 중국의 국민기업이다. 기업의 기초는 탄탄하며 경영자는 강력한 리더십으로 직원을 지휘하고 있다. 화웨이 직원의 설명에 의하면 내부 개발 안건은 20%이며 외부 파트너와 협력하고 통합하는 안건이 80%라고 한다. 화웨이는 예를 들어 AI 혁신기업인 센스타임의 얼굴 인식 기술을 통합하고 아이플라이테크의 음성인식 기술을 통합한다. 두 기업 모두 해당 분야에서 세계 최고 기술을 보유하고 있지만 한계는 분명하다. 이 기술만으로는 초대형 상품을 만들 수 없다. 화웨이는 여러 기술을 통합해서 도시 관리 시스템과 같은 초대형 상품을 개발한다. 비유하자면, 종목별 챔피언을 모아 올림픽을 만드는 셈이다. 상품에 대한 평가를 차치하더라도 이렇게 큰 규모의 AI 상품을 개발할 수 있는 기업은 세계적으로 흔치 않다. 미국 빅테크에도 쉽지 않은 도전이다.

초대형 상품이 완성되면 다음 단계인 순환은 중국 정부가 주도하여 일대일로 국가를 중심으로 수출에 나선다. 도시 관리 시스템은 40개국 200개 이상의 도시에 도입되었다고 한다. 초대형 상품은 단지 기술만 수출하는 것이 아니다. 도시를 운영하는 데 필요한 기술·경영·

제도·운영·교육에 이르기까지 모두 포함한 턴키 방식의 수출이 된다.

카이스트, 국민 납득 가능한 통합 받침대

이제 한국으로 시선을 돌려보자. 한국에서 통합과 순환 전략을 도입하려면 어떤 문제가 있을까? 가장 먼저 드는 의문은 통합의 받침대다. 한국에도 세계 수준의 기업이 많이 있고 국유기업도 많다. 세계 최고 수준의 기술을 보유한 기업도 많다. 어떤 기업이 통합을 위한 받침대가 되면 국민이 납득할까? 어떤 기업을 선택하든 특혜 논란이 일어나기 쉽다. 중국에서 화웨이가 받침대가 되는 이유는 명분 때문이다. 중국은 건국 100주년이 되는 2049년에 세계 최강국이 되겠다는 목표가 분명하다. 센스타임 경영자의 말에 의하면 중국에서 AI는 혁명의 도구다. 그러므로 화웨이에는 명분이 있다. 화웨이가 개발한 자체 운영시스템(OS) 하모니를 사용해 20억 개 이상의 기기를 연결하고 독립된 네트워크를 구성해도 명분이 있다.

한국에도 국민이 납득 할 수 있는 가장 강력한 명분을 가진 곳이있다. 카이스트를 비롯한 전국 4대 과학기술원이다. 카이스트는 과학기술에 기반해서 한국의 경제 발전에 이바지한다는 뚜렷한 목표도 있다. 과학기술 인재를 양성하고 한국의 산업 발전에 실질적으로 큰 역할을 하고 있다. 세계 최고 수준의 연구개발 성과도 만들고 기술에 기반한 창업도 두드러진다. 카이스트를 비롯한 과기원에서 AI 기술을 모아 통합한 후에 순환으로 이어지는 구조를 만들면 어떤기업보다 명분이 있다. 더군다나 카이스트는 한국에서 가장 과학기술의 능력을 믿는 곳이 아닌가. 어떤 일이든지 좋아하는 사람이 하는 게 가장 효과가 크다. 과학기술을 좋아하고 인생을 건 인재들이 모여 있는 곳이면서 명분도 있으니 카이스트는 통합 받침대로 손색이 없다.

화웨이 R&D 센터에서 한 직원이 스쿠터를 타고 이동하고 있다.

받침대가 정해지고 나면 국가가 할 일은 간단하다. 가만히 있으라며 손발을 묶지만 않으면 된다. 흔히 규제를 완화하라고 하지만 사실 어떤 규제가 있는지 규제의 전모를 파악하기는 거의 불가능에 가깝다. 규제가 워낙 다양하게 얽혀 있어 막상 연구개발을 시작하지 않으면 존재조차 모르는 규제가 대부분이다. 모든 규제를 한눈에 알 수 있게 정리한 자료나 공식 목록도 없다. 드론을 연구하려면 실험하기 전에 미리 비행 허가를 받아야 하고 자율주행 로봇을 개발하려면 개인정보 보호 대책을 마련해야 한다. 이런 규제가 있다는 사실은 연구개발을 시작하기 전에는 모른다. 새로운 연구개발을 시작할 때마다 관련된 규제를 찾아내고 푸는 방식은 효율이 낮다. 항상 규제에 발목을 잡히기 마련이다. 가장 빠른 방법이 있다. 10년 한시법을 제정해서 모든 규제를 일시적으로 묶어버리면 된다. 모든 규제가 작동하지 못하도록 규제 샌드박스를 만들면 된다.

10년 한시법 제정해 규제 발목 풀어야

10년 한시법이라고 했지만 10년이 어떤 의미인지조차 불분명한

센터 내를 다니는 버스도 보인다.

시대다. AI는 워낙 빠르게 진화하고 있기 때문에 10년 후의 미래를 예측하기 어렵다. 하지만 기술과 시장이라는 관점에서 보면 10년은 의미가 있다. 갑자기 툭 튀어나오는 시장은 없다. 기술에서 시장까지 이어지는 시간은 짧으면 10년이고 길면 30년이다. 그러니 카이스트에서 현재까지 개발된 기술을 체험할 수 있다면 10년 후의 미래를 체험한 셈이다.

한시법이 제정되고 규제가 풀리면 카이스트를 포함한 전국의 과기원 캠퍼스는 AI 국가실험장으로 변한다. 연구실이나 건물을 대상으로 하는 게 아니라 캠퍼스 전체를 대상으로 한다는 점이 중요하다. AI 국가실험장은 마치 작은 규모의 AI 시범 도시와 같다. 과기원 캠퍼스에는 학생과 휴머노이드 로봇이 섞여 다니고 방문객은 드론을 타고 이동한다. 승차감이 나쁘면 낙타 로봇을 타고 다닐 수도 있다. 매점에서 음료수를 구매하거나 건물에 출입하려면 안면 인식이나 음성인식으로 모두 통한다. AI 국가실험장을 방문하면 10년 후 미래를 체험할 수 있다. AI로 인해 우리 사회가 어떻게 변할지 방문객 자신의 언어로 묘사할 수 있다. 체험은 상상보다 강하다. 미래를 체험한 국민은 AI 초대형 상품이 진입할 시장을 예상하고 AI 창업을 서두를

지 모른다. 국가가 강요하지 않아도 AI 리터러시 교육은 저절로 진행된다.

AI 국가실험장서 10년 후 미래 체험을

이런 모든 일은 AI 국가실험장에 관한 법률을 만들어 지원하면 얼마든지 가능하다. 카이스트는 해방구가 되어 온갖 AI 기술을 실험하고 온갖 AI 상품을 테스트할 수 있다. 실패를 거듭하다가 간혹 성공 사례를 만들겠지만, 간혹 성공하는 바로 그 사례가 한국의 미래를 바꾼다. 그중에는 도시나 국가처럼 적용 범위가 넓은 상품도 있고 의료나 교육처럼 적용 시간이 긴 상품도 있다. 하나의 기업이나 조직에서 만들 수 있는 상품이 아니다. AI 국가실험장에서는 AI 기술을 통합하고 AI 시제품을 평가하며 사회적 영향까지 평가한다. 이런 과정을 거치면서 AI 초대형 상품을 개발한다. 상품이 시장에 진입하면 고객은 만족이나 불만을 나타낸다. 고객의 목소리는 과학기술의 선택과 집중 단계에 반영되고 사이클은 순환한다. AI 국가실험장에서 얻은 시사점은 AI로 그치지 않는다. 한국이 과학기술의 능력을 바탕으로 미래 사회를 설계하는 데 도움이 된다. 선택과 집중. 그리고 새롭게 이어지는 통합과 순환은 한국의 과학기술을 한 단계 높이 진화시킬 수 있는 유망한 프레임이다.

모든 국가는 AI 총력전에 나섰다. 팔짱만 끼고 있어도 될 만큼 한가롭지 않다. 카이스트는 더욱 활발하게 행동하고 싶다. 과학기술을 통해서 국가와 민족을 위해 이바지하겠다는 명분도 있다. 이런 카이스트에 국가가 할 수 있는 가장 큰 규제는 가만히 있으라는 명령이다. AI에는 돈보다 규제가 더 큰 장애물이다.

평화 오디세이-중국 AI굴기 현장리포트 ⑧

"의대로 인재 쏠린 한국… AI융합 땐 'AI 톱3' 강국 될 강점"

중앙일보, 2025년 8월 7일, 종합 12면

조용병
전국은행연합회장

지난달 초 재단법인 한반도평화만들기의 '평화 오디세이 2025'에 참여해 중국의 인공지능(AI) 굴기를 현장에서 확인할 수 있었다. 12년 만에 다시 찾은 중국에서는 자신들이 이미 세계 일류라는 노골적인 자신감이 느껴졌다. 방문지인 상하이와 항저우는 예로부터 중국의 상업과 혁신의 중심지였다. 마르코 폴로가 『동방견문록』에서 '천상의 도시'라며 극찬했던 곳이 오늘날 딥시크의 고향인 항저우다. 그랬던 이곳은 미·중 간 기술패권 전쟁에서 중국 체제의 실험실이 되어 있었다.

상위 20% AI 연구인력 중 47%가 중국 출신

AI 기술패권 전쟁에서 아직은 미국이 중국보다 강하다. 그러나 '인재'의 관점에서 미래는 중국의 편처럼 보인다. 이번에 방문한 중국 AI 중심지들의 공통점은 세계적 수준의 '젊은 인재'가 한자리에 모여 있다는 점이었다. 최고의 석학은 미국에 있을지 모르나 중국은 더 많은 젊은 인재를 보유하고 있다.

중국에 인재가 넘쳐나는 이유는 단지 인구가 많아서가 아니라 중국 교육계의 노력 덕분이다. 항저우의 저장대는 1978년부터 이미 AI

연구를 시작했고 2018년 중국 최초로 학부 AI 전공을 개설했다. 상하이의 푸단대는 지난해 121개에 달하는 AI 강좌를 개설했다. 중국의 과학·기술·공학·수학(STEM) 졸업생은 연 500만 명으로 미국의 10배다. 그 결과 오늘날 전 세계 상위 20% AI 연구 인력 중 중국 출신은 47%에 이르지만 미국 출신은 18%에 그친다(한국은 2%).

화웨이 '롄추후(練秋湖) R&D센터'에 있는 2만4000명 연구원의 평균 연령은 31세에 불과하다. 최근 40대 이상 직원이 20대를 넘어서면서 고령화에 직면한 삼성전자를 생각하면 시사하는 바가 크다.

중국, 향후 5년간 AI산업에 200조원 더 투입

중국은 AI 육성을 위해 올해만 해도 수백조원 단위의 금융정책을 쏟아내고 있다. 올해 1월 중국은행은 향후 5년간 1조 위안(약 200조원)을 투입해 AI 기초연구부터 인프라, 산업화, 글로벌 진출 전 단계에 걸친 금융 지원을 제공하기로 했다. 5월에는 과학기술부와 금융당국 등 7개 부처가 금융정책과 조세정책을 총동원해 AI 기업을 생애주기별 맞춤형으로 육성하겠다고 나섰다. 같은 달 중국인민은행은 '과학기술혁신과 기술 개조를 위한 재대출' 규모를 5000억 위안(약 100조원)에서 8000억 위안(약 160조원)으로 증액하고 대출금리도 1.75%에서 1.50%로 낮췄다.

의대로 쏠린 한국, 되레 의료AI 육성 적합

규모 열위에 있는 한국이 AI 전 분야에서 미·중과 경쟁하기는 어렵다. 하지만 선택과 집중을 통해 제조·의료·콘텐트 등 우리 전문 분야를 AI와 융합하면 글로벌 AI 3강에 다가갈 수 있다. 서울대 의대는 2022년부터 의학과 AI를 융합하는 과정을 운영해 왔는데 해당 과정은 최근에 보건복지부의 융합인재 양성 사업으로 선정됐다. 의대 쏠림을 부정적으로만 보는 대신 혁신의 발판으로 삼는 것이다.

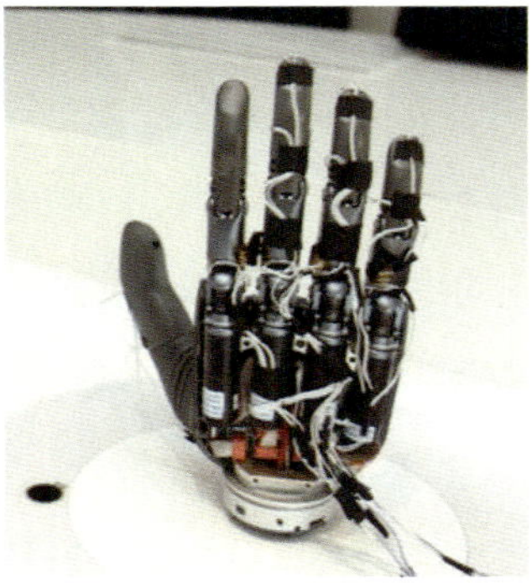

브레인코의 바이오닉 핸드.

인프라 구축도 중요하다. 정부가 구매할 계획인 그래픽처리장치(GPU) 5만 장은 개별 기업에 흩뿌리기보다는 인프라 구축에 활용해야 한다. 국가 AI 컴퓨팅 센터를 구축할 뿐만 아니라, 상하이의 모쑤공간(模速空間)처럼 기업들이 AI 기술을 실증 테스트할 공간을 제공하는 데 활용할 수도 있다.

이재명 정부 AI 수석 임명, 중요한 전환점

최근 정부가 AI수석을 임명하고 100조원 규모의 투자계획을 발표한 것은 중요한 전환점이다. 그러나 성공을 위해서는 정부의 직접 개입보다는 민간이 주도하는 방식이 바람직하다. 그간 민관 합동 펀드가 조성되면 공공기관이 주도하는 경우가 많았다. 이러한 방식으론 유망 기업에 집중 투자하기는 어렵다. 이제는 민간에서 자율적으로 핵심 기업을 선별해 자금을 집중 공급할 수 있도록 설계해야 한다.

이를 위해 메자닌 펀드를 활용할 필요가 있다. 정부가 후순위 투자자로 참여해 리스크를 먼저 감수하면 민간 금융회사는 중순위로, 개인투자자는 선순위로 진입하는 방식이다. 이렇게 조성된 자금을 삼성·현대·LG 등 핵심 역량을 갖춘 글로벌 대기업을 통해 시장에 공급하면 대기업이 유망 스타트업을 선별해 집중 투자하거나 핵심 기술을 인수·개발하는 데 활용할 수 있다.

정부·은행 뒷받침할 때 민간투자 활성

대기업이 참여해야 하는 이유는 두 가지다. 첫째, 대기업은 실제 기술 개발에 참여하므로 유망 스타트업을 선별하는 역량이 가장 뛰어나다. 중국에서도 화웨이 등 선도기업이 수많은 스타트업을 직접 선별해 육성하고 있다. 딥시크도 정부가 아니라 AI를 실제로 연구해 온 민간 헤지펀드가 발굴했다. 둘째, 공신력 있는 대기업이 선도하면 개인 투자자금도 자연스럽게 유입될 수 있다. 정부와 은행이 뒷받침하고 삼성전자가 앞장서면 개인투자자도 믿고 투자할 수 있다. 부동산에 집중되던 개인 자금이 생산적 분야로 이동하는 것이다.

자본시장도 적극 활용해야 한다. 기술기업의 초기 단계에서는 투자자가 리스크를 감수해야 한다. 이러한 모험자본 공급은 예금자 보호가 최우선인 은행 대출보다는 자본시장에 더욱 적합할 수 있다. 중국은행이 올 초 발표한 1조 위안의 AI 지원 방안 중 3000억 위안(약 60조원)은 주식·채권으로 공급하겠다고 한 것도 자본시장을 통해 국책은행이 먼저 리스크를 감수해 민간 투자를 촉진하고자 한 것이다.

금융산업 자체의 AI 전환도 중요하다. 금융권은 챗봇이나 여신 심사 등 여러 분야에서 AI를 도입하고 있지만 원활한 이용에는 제약이 있다. 더욱 고도화된 시스템을 구축하려면 개발·협업 과정에서 클라우드 기반 AI를 활용할 필요가 있는데 망분리 규제로 어려움이 크다. 금융그룹 계열사 간 정보공유 제한, 비금융 플랫폼 진출 제한 등도 금융혁신을 가로막는 제도적인 요인이다.

AI기업을 지원하는 상하이 모쑤공간에서 방문자들이 AI가 활용된 기기들을 살펴보고 있다.

전략·조직문화 혁신엔 조직리더가 나서야

아인슈타인은 "지금의 문제를 만든 사고방식으로는 그 문제를 해결할 수 없다"는 말을 남겼다. 우리 기업이 글로벌 AI 경쟁에서 살아남으려면 새로운 사고방식을 구축해야 한다. 이에 '조직성과의 함수'($f(x)^N = (\text{전략})^N$)를 제안한다. 학술적 개념은 아니지만 40여 년 금융 현장에서 체득해 직접 도출한 사유의 틀이다. 함수에서 조직의 성과는 전략이 조직문화를 통해 거듭 실행된 결과값이다. 전략은 방향성과 실행체계로 구성된다. 바람직한 전략이 수립됐다면 조직문화의 승수효과를 통해 성과를 낼 수 있다. 조직문화가 긍정적이면($N>1$) 성과는 기하급수적으로 증가한다. 조직문화가 부정적이면($N<1$) 아무리 전략이 좋아도 성과는 0에 수렴한다.

중국의 성공은 전략과 조직문화가 함께 작동한 결과다. 2017년 커제가 알파고에게 0대 3으로 완패한 것을 계기로 중국은 AI를 국가

전략으로 채택했다. 공산당원 등 지도층이 직접 AI를 공부하면서 방향성을 수립했다. 엘리트 교육, 산학연계, 금융 지원 등 실행체계도 구축됐다. 본격적인 AI 전략을 수립 중인 우리도 참고해야 한다.

중국 AI 기업의 몰입적인 조직문화도 주목해야 한다. '996 근무'나 '35세 정년' 등 중국식 노동문화 자체는 우리 사회의 지향점이 아닐 것이다. 그러나 그 이면에 있는 조직의 집중력과 집단적 긴장감은 우리에게 시사하는 바가 있다.

미·중 대비 규모가 작은 우리나라가 AI 강국이 되려면 결국 전략과 조직문화를 혁신해야 한다. 이때 리더의 역할이 결정적이다. 리더는 조직의 'DNA'를 바꾸는 사람이다. 개인의 DNA를 바꾸는 것은 불가능할지 몰라도 조직의 DNA는 리더에 의해 바뀔 수 있다.

한국도 젊은 혁신가 보유, AI 혁신 지금부터

'오디세이아' 이야기에서 이번 여정을 다시 생각한다. 오디세우스는 10년간의 트로이 전쟁을 승리로 이끌었지만 또다시 10년간 바다를 떠돌며 수많은 시련을 극복하고 나서야 귀향할 수 있었다. 우리 현실도 오디세우스가 겪었던 것처럼 새로운 도전과 응전의 연속이다. 대한민국은 과거 정보통신기술(ICT)에서 눈부신 성과를 냈지만, 이제 AI라는 새로운 도전에 직면했다. 다행히 이번 여정에서 새로운 희망도 보았다. 중국의 AI 굴기 앞에서도 엄윤설 에이로봇 대표와 이경일 솔트룩스 대표 등 젊은 혁신가들은 우리가 덩치는 작아도 해볼 만하다는 자신감에 차 있었다. '대한민국 오디세이아'의 진정한 귀환 이야기는 지금부터다.

평화 오디세이-중국 AI굴기 현장리포트 ⑨

미국 제재 이겨낸 중국 '게방과수'… 관시 없애고 AI 경쟁 독려

중앙일보, 2025년 8월 12일, 종합 10면

김용학
연세대 전 총장

지난달 초 재단법인 한반도평화만들기의 '평화 오디세이 2025'에 참가해 중국 항저우를 찾았을 때 나를 놀라게 한 숫자가 하나 있다. 독보적인 안면 인식 기술을 자랑하는 센스타임 사의 상황판에 뜬 2만3000페타플롭스(초당 부동소수점 연산 횟수, Petaflops)라는 숫자였다. 이 회사가 인근 대도시에서 현재 사용 중인 컴퓨팅 파워를 실시간으로 더한 숫자였다. 매초당 23 뒤에 0이 18개 붙는 천문학적 부동소수점 연산을 한 개의 회사가 제공하고 있다는 사실에 입이 다물어지지 않았다. 우리나라 최대 규모의 광주 '국가 인공지능(AI) 데이터센터'의 연산량이 88.5 페타플롭스라니 비교조차 민망하다. 더욱 놀라운 것은 미국의 첨단 칩 없이 여러 종류의 그래픽처리장치(GPU)를 통합해 이런 컴퓨팅 파워를 구현했다는 회사 측 설명이었다.

"이가 없으면 잇몸으로" 강제된 혁신

'강제된 혁신'의 현장이었다. 미국의 제재로 기술 공백이 생기자, 중국은 "이가 없으면 잇몸으로" 혁신을 만들어냈다. 미국의 의도와 정반대의 결과를 낳은 셈이다. 역설적으로 미국의 제재는 '보호된 내수

시장'을 만들면서 중국기술의 상품화를 돕고 있었다. 일례로 딥로보틱스라는 회사는 어떤 장애물도 쉽게 넘으며 빠르게 달리는 4족 보행 로봇을 대량 생산해 재난구조, 고압선 유지보수, 터널 공사나 광산 같은 험한 작업 현장에 판매하고 있었다. 꼬리 쪽에도 눈이 달린 이 로봇에 기관총만 얹으면 당장이라도 산악지대 전투병으로 투입할 수 있을 것만 같았다. 숲속을 고속 질주하는 로봇 개 군단은 생각만 해도 오싹하다.

평화 오디세이 탐방단이 둘러본 중국의 AI 및 로봇 기업들의 성과는 경이로웠다. 앞선 기술력, 거대한 시장과 인재 풀, 기술개발과 상품화에 동원된 막대한 자본력, 정부의 체계적인 지원, 그리고 '강제된 혁신'까지, 어느 하나 놀랍지 않은 구석이 없었다. 최근 딥시크보다 더 뛰어나다는 평가를 받는 문샷AI 사의 키미 K2라는 AI의 등장은 우리가 보고 온 것은 빙산의 일각에 불과하다는 사실을 깨닫게 해준다. 또 최근에는 상하이교통대 연구진이 AI를 만드는 AI를 공개해 세계를 놀라게 했다. 다음에는 또 무엇이 터질까?

AI 최강국 중국, 비결과 숨겨진 그림자

도대체 무엇이 중국을 AI 최강국으로 만들었을까? 놀란 가슴을 진정하고 차분하게 짚어볼 것이 있다. 중국 AI 성공의 요인이 무엇이며, 이 성공은 지속할 수 있을까? 성공사례만 보고 일반화하는 '생존자 편향(Survivorship Bias)'의 위험은 피해야 한다. 우리가 보지 못한 정책 실패는 없는지, 실패에서 배울 점은 무엇인지도 살펴야 한다. 우리나라도 100조원을 투자하는 정부 주도형 AI 발전 계획을 추진 중이니,

앞서간 '국가 주도형' 중국 사례에서 배울 점을 검토할 시점이다.

안면 인식 기술을 보유한 센스타임의 CEO 쉬리가 AI 혁신에 대해 설명하고 있다.

일반적으로 권력이 독점된 국가는 자유시장과 조화롭게 공존하기 어렵다는 것이 학계의 정설이다. 강한 권력은 사적 이익집단의 포로가 되기 쉽고, 시장을 왜곡하여 효율을 떨어뜨리기 때문이다. 대표적인 예가 과잉 투자와 부패로 부채 위기에 빠져 있는 중국 부동산이다. 부동산이 실패한 바로 그 자리에서 AI는 어떻게 성공할 수 있었을까? 이 질문이 탐방 내내 내 머릿속을 떠나지 않았다.

중국 부동산 위기는 강한 국가가 시장을 왜곡한 결과이다. 중앙 정부가 세수 대부분을 가져가는 세제 개혁을 단행하자 지방정부의 세수 기반이 약화되었다. 지방정부의 재정난을 해결하기 위해 국가소유 토지의 사용권을 판매할 수 있도록 허용했다. 토지 매각권이라는 권력은 곧 상품화되었다. 지방 관료들은 개인적인 부(富)를 얻거나 국내총생산(GDP)을 부풀리기 위해 용도변경이나 금융지원 등의 특혜를 개발업자에게 얹어줬다. 이 과정에서 '주택 부패'(房腐)라는 신조어가 생길 정도로 부패가 만연했다. 국가가 시장 수요와 무관한 공급과잉을 부추겼고, 결국 부동산 거품은 터지고 말았다.

성공 열쇠는 투명하고 공정한 정책

AI 지원 정책은 실패한 부동산 정책과는 전혀 달랐다. '게방괘수', 즉 "과제를 공개적으로 내걸고(揭榜), 이를 해결할 능력이 있는 사람이 책임을 맡는다(挂帅)"라는 투명하고 공정한 정책을 내걸었다. 이 정책은 자원 배분의 원칙을 '누구를 아는가'에서 '무엇을 할 수 있는가'로 전환시키며 시장경쟁을 촉진했다.

AI가 필요로 하는 자산의 특수성도 경쟁 시장을 촉진했다. 토지와 같은 유형의 독점자산이 아니라, 인재나 데이터, 알고리즘과 같은 무형자산이 AI의 핵심이다. 이런 자산은 우월성 경쟁을 하기 쉽고, 성과측정도 용이하다. 권력과의 연줄(관시)에 기반한 독점은 훨씬 더 어렵게 된다. AI를 오픈 소스로 공개하는 정책도 경쟁과 혁신을 촉진하는 강력한 방법이었다. 혁신은 시장에 맡기고 국가는 대규모 컴퓨팅이나 양질의 데이터를 구축했다. 해외 인재를 유치하거나 육성하는 등 인프라에 집중했고 성과를 내는 AI 기업들을 선별해 자원을 투입했다. 결과는 성공 스토리로 이어졌다.

국가 주도 과잉투자 비판도

하지만 성공 이면에는 그림자도 드리우고 있다. AI 영역에서도 부동산 위기와 구조적으로 유사한 패턴이 드러나고 있다는 비판이 고개를 들기 시작했다. 국가 주도로 이루어지는 막대한 자본투자와 시장수요를 등한시한 지방정부 간의 과열 경쟁은 AI 산업 전반에 걸쳐 자원낭비의 위험을 증폭시키고 지방정부의 부채를 급증시킨다는 지적이다. 외신뿐만 아니라 중국 내에서도 비판의 목소리가 커지고 있다. 경쟁적으로 공급된 데이터 센터에 거품이 있다거나, 비슷한 거대언어모델(LLM)을 수백 개씩 중복 개발하여 막대한 컴퓨팅 자원과 인재를 낭비했다는 것이다.

한국 '후발 효과' 극대화해야

AI는 선두 주자의 발전 속도가 후발 주자보다 점점 더 빨라지기 때문에 따라잡기가 매우 어렵다는 예측이 우세하다. 게다가 우리가 가진 자원 중 중국보다 나은 점도 보이지 않는다. 그렇다고 포기할 수는 없다. 급할수록 늦게 출발한 자가 누리는 효과, 즉 '후발 효과'의 장점을 극대화해야 한다. 앞서간 나라들의 성공 사례를 배우고 시행착오를 건너뛰자는 것이다.

중국에서 우리가 배울 점은 의외로 단순하다. 시장경쟁을 촉진하는 지원 정책이다. 중국의 실패 위험에서 배울 것도 역시 빠르게 변하는 시장 신호에 맞춰 유연하게 지원정책을 수정해야 한다는 점이다. 반시장적 규제를 걷어내고, 관 주도형이 아니라 민간 전문가들에게 결정을 위임해야 한다. 정부는 시장이 스스로 만들어내지 못하는 자원을 책임져야 한다는 뻔한 교과서 원론을 따라야 한다. 폭증하는 전력 공급이 대표적이다. 미국의 빅테크 기업들은 대부분 스스로 원자력을 포함한 발전소 계획을 세울 수 있지만, 자본이 약한 우리 민간 기업에는 거의 불가능한 일이다. 전기가 없다면 AI는 헛된 꿈일 뿐이다.

인재 양성·유치가 최우선 과제

인재 양성과 유치도 정부가 최우선으로 할 일이다. 우리는 사교육 문제를 해결하기 위해 한창 배우는 젊은 인재의 능력에 상한선을 두고 있다. 어려운 문제를 풀 수 있는 능력을 키우는 것이 아니라, 쉬운 수능 문제를 틀리지 않게 반복 연습하는 훈련을 한다. 난이도 높으면 '킬러 문항'이라고 비난하는 교육으로는 AI 혁신을 기대할 수 없다.

이민 정책과 맞물린 해외 인재 유치도 시급하다. 실리콘밸리에는 인재를 얻기 위해 회사를 합병하는 '구인 합병(acqui-hire)'이라는 신조어가 생겨났다. 얼마 전 메타(Meta)가 한 명의 인재와 그의 기술을 영입하기 위해 스케일 AI(Scale AI)라는 회사를 19조원에 인수한 사건이 그 예다. 거물급 인재 유치 비용이 없다면, 동남아나 동유럽 국가들의 중고등-대학생 수학-과학 천재와 그 가족을 이민 정책과 연계하여 모셔와야 한다. 대학도 이들을 위한 무시험 입학 제도를 마련하고, 기업도 졸업 후 일자리를 약속하는 등, 다양한 유인 패키지를 제공해야 할 것이다.

황혼이 깃들 무렵, 화웨이 R&D 단지 연구실에는 52시간 너머로 불이 밝혀지기 시작했다. 어둠 속에 연구 단지를 가로지르는 롄추후(练秋湖)에 나룻배가 나타났다. 한 사람은 노를 젓고 다른 사람은 삽으로 호수에 무언가 뿌리고 있었다. 수천 년 동안 변함없이 이어온 이 두 명의 노동은 우리가 방금 보고 온 최첨단 기술과 극명하게 대비되었다. AI와 로봇은 머지않아 이들의 노동을 파괴할 텐데, AI의 최일선에 선 중국은 14억 인구의 노동 문제를 어떻게 해결할 것인가? 더 큰 질문이 꼬리를 잇는다.

평화 오디세이-중국 AI굴기 현장리포트 ⑩

한국 실험실의 AI, 중국은 벌써 팔고있다… "제조 AI로 승부해야"

중앙일보, 2025년 8월 14일, 종합 10면

이광형
KAIST 총장

중국의 기술에 대해 비교적 잘 알고 있다고 생각했다. 가끔 중국 학자들과 대화를 하는 편이기 때문이다. 대체로 우리 한국과 비슷하거나 약간 뒤처진 수준일 것이라 봤다. 그러나 한반도평화만들기의 '평화 오디세이 2025'에 참가해 상하이와 항저우 산업단지를 방문하면서 느낀 점은, 내가 몰라도 너무 모르고 있었다는 것이었다.

중국의 인공지능(AI) 기술은 이미 한국을 앞섰고, 상업화에서는 훨씬 더 앞섰다는 것을 알게 되었다. 방문한 기업들이 보여준 기술들은 한국에서도 볼 수 있는 것들이었다. 그러나 한국에서는 연구실에서 보는 것이었고, 요소 기술들이 각 실험실마다 따로 개발되고 있다. 그런데 중국에서는 이 요소기술들이 통합돼 상업화되어 있었다. 정부와 기업이 합심해 상업화를 위한 모든 장애를 극복하고, 시판을 하기 시작해 매출을 올리고 있었다.

상업화 단계에 이른 중국 AI 기술

첫 번째로 방문한 회사는 음성인식을 전문으로 하는 아이플라이텍(IFLYTEK)이었다. 이 회사는 1999년에 중국과기대 석사과정을 갓

음성인식 전문회사 아이플라이테이 개발한 주관식 논술문을 채점하는 기계.

졸업한 류칭펑이 대학 친구들과 함께 시작한 회사다. 이 회사는 음성인식된 내용을 여러 나라의 언어로 번역하기도 하고, 그 내용을 요약 정리하여 주기도 했다. 또한 자체적으로 개발한 거대언어모델(LLM)을 바탕으로 사람의 말귀를 알아듣는 로봇을 만들고, 국가의사시험에서도 고득점의 실력을 보여주었다.

이러한 기초적인 기술은 교육 시스템 개발로 이어지고 있다. 학생의 수준에 맞추어 학습 내용을 제공한다. 우리 일행을 놀라게 한 것은 학생의 수준에 맞추어 시험문제를 출제하기도 한다. 그야말로 맞춤형 교육을 실현하고 있는 것이다. 그런데 더욱 놀라는 것은 이것들이 현재 잘 팔리고 있다는 것이다. 이런 상품이 나오려면 음성인식, 자연어 처리, 외국어 번역기, 맞춤형 AI 교과서, 맞춤형 AI 시험 출제 등의 기술이 통합돼야 한다. 우리 한국에서도 이런 각 요소기술이 발전해 있지만, 통합되지 못해 제대로 된 상품이 나오지 못하고 있다.

안면인식 세계 최강 센스타임

필자의 머릿속을 복잡하게 만들어준 회사는 안면 인식 분야의 센스타임(Sense Time)이었다. 이 회사는 2014년에 홍콩중문대 탕샤오어우 교수와 제자인 쉬리가 공동 창업한 회사다. 현재는 안면 인식 분야를 넘어서 헬스케어, 자율주행 등으로 분야를 확대하고 있다.

사람의 안면 인식은 얼굴의 기본 형태는 물론 다양한 감정 표현에 따른 모습 변화와 조명의 변화를 고려해야 한다. 또한 여러 각도에서 보이는 얼굴 모습을 입체적으로 파악해야 한다. 그런데 그보다도 더욱 어려운 것은 많은 사람의 얼굴 데이터를 확보하고, 이를 AI 학습에 활용해야 한다. 그런데 자신의 얼굴 모습을 이용해 AI를 학습하도록 허용할 사람은 거의 없다. 개인정보 중에서도 가장 민감한 것이 얼굴 모습이다. 그렇기 때문에 전 세계 어느 회사도 안면 인식 시스템을 제대로 만들지 못하고 있다. 그런데 센스타임은 해낸 것이다. 이제 길거리 행인의 얼굴을 인식하여 그 사람의 이름을 알아내는 수준이 되었다. 센스타임의 기술을 적용하면, 모든 사람이 명찰을 붙이고 다니는 것처럼 항상 신분이 노출된다. 마치 자동차에 번호판을 붙이는 효과와 비슷하다.

센스타임은 어떻게 얼굴 데이터와 개인 신상정보를 확보했을까? 중국 당국의 묵인 아래 길거리 사람들의 얼굴과 개인 정보를 수집했을 것이라는 추측이 가능하다. 그렇지 않고는 이 정도의 시스템을 구현하지 못했을 것으로 보이기 때문이다. 이에 대해 다른 나라에서는 인간의 기본권이 무시된다는 다소 경멸의 시선으로 바라보기도 했다. 그랬던 사람들이 이제 그렇게 만들어진 결과에 대해서는 탄성을 지르고 있다. 그리고 그 제품을 구매해 설치하고 있다. 경비 업무가 필요한 전 세계 곳곳에 팔리고 있다. 전 세계에 설치된 센스타임 제품은 이제 합법적으로 얼굴 데이터를 수집하고 있다. 이제 다른 회사가 따라가기 어려운 상태가 되어 버렸다. 인류 보편적인 가치를 경시하고 만든 제품에 열광하고 구매하는 이 현상을 어떻게 봐야 할지 머릿속이 정리가 안 된다.

KAIST 출신 중국인이 세운 브레인코

이번 방문 중 가장 반가운 회사는 브레인코(Brainco)였다. KAIST를 졸업한 중국인 한비청이 세운 회사였기 때문이다. 브레인코는 뇌와 기계를 연결하는 기술(BCI, Brain Computer Interface) 전문회사다. 뇌가 생각하는 것을 컴퓨터가 인식해 로봇이 작동하게 한다. 신체가 절단되었든지, 마비가 된 사람도 뇌의 생각만으로 로봇을 작동할 수 있다. 손목을 잃은 사람이 로봇 손(의수)을 끼고 붓글씨를 쓰기도 하고, 피아노 연주를 보여주기도 했다. 의수는 팔목이 절단된 사람이 긴 장갑을 끼듯이 간편하게 착용했다. 아울러 한쪽 다리가 없는 사람이 매우 자연스럽게 의족을 착용하고 걸어 보였다. 그런데 놀라운 것은 이 기술이 제품화되어 잘 팔리고 있다는 점이다. 한국에도 이와 비슷한 연구를 하는 곳이 여럿 있지만, 이처럼 완숙된 상태의 제품은 출시하지 못하고 있다.

한비청은 2007년에 KAIST 학부 과정에 입학해 2011년에 졸업했다. 기계공학을 공부한 그는 인체 역학을 연구하는 신현정 교수의 지도를 받았다. 지도교수는 한비청 학생이 학업 성적만으론 다른 학생들과 경쟁하기 어렵다는 것을 알았다. 그래서 '대학 연구 프로그램'(URP, Undergraduate Research Participation)을 신청하게 했다. URP란 학부과정 학생들이 자율적으로 연구 주제를 정하고, 연구비를 받아 연구하는 프로그램이다. 역시 한비청 학생은 연구에서 능력을 보여 주었다. URP 결과를 겨루는 경진대회에서 1등을 한 것이다.

이렇게 인체에 대한 관심을 가지게 된 한비청은 하버드대 뇌과학 박사과정에 입학했다. URP 1등이라는 실적과 지도교수의 열성적인 추천서가 큰 작용을 했음은 물론이다. 하버드대 박사과정 중 브레인코를 창업해 오늘날 최고 수준의 BCI 회사로 성장시켰다. 여기서 또 다시 느끼는 점은 학교에서 학생 지도의 중요성이다. 교육자는 학생을 정성으로 지도하여 타고난 능력을 발휘하게 인도해야 한다. 지금도 한비청 CEO는 지도교수와 긴밀한 교류를 이어오고 있다. 또한 이번 방문에서 교수와 제자가 공동으로 창업한 회사를 여럿 볼 수 있었다.

마지막으로 필자를 감동시킨 곳은 화웨이(Huawei)였다. 화웨이는 2017년 미국이 처음 제재를 시작한 회사다. 미국의 압박으로 한동안 주춤하던 화웨이는 이제 내성을 키워서 통신장비, 스마트폰, 반도체, AI 등 거침없는 성과를 보이고 있다. 특히 필자를 놀라게 한 것은 미국의 제재를 피하는 방식이었다. 고성능 반도체를 만들지 못하고, 엔비디아의 그래픽처리장치(GPU)도 사지 못하게 되자, 다른 방식으로 극복하고 있었다. 반도체 칩은 조금 낮은 사양을 사용해도, 이것들을 통합하는 패키징 기술을 고도화해 성능 향상을 달성하는 것이다. 화웨이 측은 미국의 제재를 거의 극복했다고 말했다.

한국의 AI 전략, 중국 보완 분야 찾기

필자는 중국 방문 기간에 한국에 있는 동료들에게 말했다. "한국은 큰일 났다. 우리가 자만하고 있는 사이에 중국이 멀찍하게 앞서가고 있다. 우선 AI 인력 양성을 두 배, 세 배로 확대하는 계획을 세우자. 기술사업화를 더욱 강조해야겠다." 돌아오는 비행기 속에서 생각을 정리했다. 우리의 대응 전략을 생각했다.

중국과 정면 대결보다 보완적인 분야를 찾아 집중해야 한다. 그들이 아직 미진한 분야가 제조 AI이다. 제조 AI는 제조 현장의 데이터 확보가 필수적인데, 이를 위해서는 제조 현장의 데이터가 규격화 돼 있어야 한다. 우리나라 제조 현장은 비교적 디지털 전환이 잘 되어서, 데이터 품질이 좋다. 또한 우리나라는 로봇을 가장 많이 사용하는 나라다. 로봇을 사용한다는 말은 데이터가 규격화 돼 있다는 말이다. 우리는 이 강점을 살려야 한다. 우리는 제조 AI에 집중해 한국의 제조업 경쟁력을 올리고, 제조 AI 기술 자체를 경쟁력 있는 상품으로 만들어야 하겠다. 마침 정부가 AI 강국을 주요 국정과제로 내세웠다. 물이 들어오는 느낌이다. AI 제조국가 대한민국의 그림이 보인다. 기업·대학·연구소가 힘을 합해 열심히 노력하면, AI 강국 실현은 어렵지 않을 것 같다.

평화 오디세이-중국 AI굴기 현장리포트 ⑪

중국 전기차·배터리 신화 뒤엔… AI에 생산 접목 '자동화 혁신'

중앙일보, 2025년 8월 19일, 종합 10면

조윤제
연세대 특임교수

지난달 10년 만에 방문한 중국은 놀랍도록 변해 있었다. 한반도평화만들기 재단의 '평화 오디세이 2025' 참가자들이 묵은 상하이 캠핀스키 호텔에서 내려다본 황푸강과 주변은 세계 어느 도시 못지않게 아름다워 보였다. 새벽 강변을 산책하니 주위의 조경은 잘 관리돼 있었고, 공기는 서울보다 맑았다. 지난해 상하이에 등록된 신규 차량의 절반 이상이 전기차였다고 한다. 서울의 경우는 10% 미만이었다. 인구 3000만 상하이시를 가로지르는 황푸 강변은 런던의 템즈강, 파리의 세느강 뉴욕의 허드슨강, 서울의 한강 변보다 오히려 더 깨끗이 정돈되어 있었고, 각자 독특한 설계에 의한 고층 건물들은 도시 전체의 미관과 조화를 이루며 멋진 스카이라인을 이루고 있었다.

인구 3000만 상하이, 신규차 절반이 전기차

과거 중국을 방문할 때도 자주 놀라움을 느끼곤 했다. 그 놀라움은 불과 몇달 만에 새로운 대로가 열리고 빌딩들이 치솟아, 이 길이 얼마 전 걸었던 그 길이 맞나 하는 의아함에 빠지게 되는 놀라움이었다. 그 속에는 명청시대의 유서 깊은 전통가옥과 정자들이 하루아침에 불도저에 밀려 나가는 것을 보는 안타까움과 아쉬움도 함께 섞여 있었다. 이번 평화 오디세이에서의 놀라움은 또 달랐다. 이미 상하이의 도시 모습은 서울을 앞서가고 있음을, 세계 어느 선진국 도시의 모습에 뒤지지 않게 세련되게 변해가고 있음을 본 놀라움이었다. 그 놀라움은 이제 한국이 이미 중국에 뒤처지기 시작했고, 영원히 놓쳐 버린 것이 아닌가 하는 두려움이기도 했다.

연암 박지원은 청나라의 문물을 보고 감탄하며 열하일기를 썼다. 이제 우리도 상하이와 항저우에 와서 중국의 신문명을 보고 배워야 하는 입장이 되었다. 불과 20~30년 전 중국과 우리의 입장이 역전된 것이다. 한·중 수교 직후, 1992~97년 한국은 중국에 '공적 국가원조'를 제공하기도 했다. 그 짧은 기간이 한반도 5000년 역사에서 유일한 시간이었나? 그런 생각이 오가며 시작한 평화 오디세이는 점점 더 충격과 복잡한 소회로 다가왔다.

기업간 치열한 경쟁 속 생산비용 낮춰

이번 평화 오디세이에서 아이플라이텍·센스타임·브레인코·딥로보틱스·화웨이 등 AI 기업들과 저장대 방문은 필자를 비롯해 참가자 모두에게 충격과 깊은 인상을 남겼다. 이세돌과 커제의 알파고와의 대국 결과와 이후 한국과 중국의 AI에 대한 대응의 차이는 많은 점을 시사한다. 그것은 알파고에 대한 대응뿐이 아니다. 필자가 사는 서울 서대문구 북아현동의 뉴타운 재개발이 20년째 조합원들의 다툼으로 별 진전이 없는 것과 상하이·항저우의 도시 모습 변화의 차이이기도 한 것이다.

무엇이 이런 차이를 만들었나? 그러면 우리는 무엇을 해야 하는가? 이 질문은 이번 평화 오디세이 일행이 이동하는 버스 속에서, 점심 자리에서, 저녁 세미나를 통해 함께 토론하고 모색하고자 한 핵심 질문이기도 하다. 그러나 이에 대한 해답은 중국의 AI 굴기뿐 아니라 중국의 전반적 과학기술 굴기와 첨단 제조업 국가로의 빠른 부상이라는 큰 그림에서 모색할 필요가 있다. 이번 평화 오디세이 일행이 보고 온 AI의 발전 속도도 놀랍지만, 돌아보면 지금 중국 전역에서 첨단 산업기술 굴기가 일어나고 있다.

지난 10년간 태양광 패널 생산시설에서 중국은 이미 세계 전체의 80%를 차지했으며 생산 가격은 70% 이상 내렸다. 전기차, 배터리 생산에서도 중국은 1위를 달리며 판매가격은 선진국 기업들과 비교되지 않을 만큼 낮다. 드론과 휴머노이드 로봇도 이미 중국 천하가 되었다. 단순한 해외 덤핑이 아니다. 지난 10여년 중국 제조업의 생산 방식은 빠르게 자동화됐고 로봇과 AI를 접목한 생산공정 혁신에 의해, 그리고 수많은 국내기업 간 뼈를 깎는 치열한 경쟁에 의해, 또한 거대한 시장의 '규모의 경제'에 의해 생산 비용을 낮추어 온 결과다. 과거 중국의 저임금에 기반해 제조품 수출을 주도하던 외국인 투자기업은 중국 내 기업에 밀려 시장 점유율을 잃고 중국을 떠나고 있다.

상하이의 모쑤공간은 기업들이 AI 기술을 실증 테스트할 공간을 제공하고 있다.

결국 국가 운영시스템 차이가 이 짧은 시간에, 이 큰 변화를 가져온 것으로 보인다. 지난

20년 한국은 정당과 국회는 시끄러웠으나 정부는 무기력했다. 중국은 당과 중앙정부가 제시하는 수직적 계획과 지방 정부들, 시장 현장에서의 기업 간 치열한 수평적 경쟁의 조합으로 이 빠른 발전을 이루어 냈다. 중앙 정부가 제시한 방향과 유인책에 부응해 23개 성과 4대 특별시, 300여 대도시, 2800여 중소도시 등 지방 정부들은 산업 인프라 제공과 지원책을 동원하며 실적 경쟁을 했고, 민간기업은 치열한 생존 경쟁을 하게 함으로써 지금의 첨단산업 생태계를 조성하게 된 것이다. 1949년 건국 이래 중국을 지배하는 공산당 조직의 거미줄 같은 네트워크가 지원하는 금융자본, 연구개발 시스템, 인프라, 정부와 국유기업의 조달 체제, 그리고 이러한 유인 제도에 반응해 밤낮없이 치열하게 경쟁하는 젊은이들이 만들어내는 벤처기업과 대학 연구소라는 거대한 생태계가 역동적으로 돌아가고 있었다. 물론 이러한 중국의 국가운영 시스템에는 부정적 측면과 한계도 많다. 이중구조 심화, 청년실업 증가, 분배의 악화, 개인의 자유 억압, 부패 등은 중국 시스템의 미래에 큰 불확실성을 던져주고 있는 것도 사실이다. 그러나 덩샤오핑이 말했듯이 흰 고양이든 검은 고양이든 경제발전이라는 쥐를 잡고 있는 것은 분명하다.

과학기술·제조업 강국이 패권국가 돼

미국과 첨단 기술패권을 겨루는 지금 중국의 1인당 소득은 미국의 6분의 1에 불과하다. 과학기술 강국, 제조업 강국은 결국 군사 강국·패권 국가로 부상하는 것이 세계 역사였다. 만약 중국의 1인당 소득이 미국의 절반까지 쫓아간다면 중국 경제 규모는 미국의 2배가 넘게 될 것이다. 이것이 세계의 정치·경제·안보 지형을 어떻게 바꾸어 나갈 것인가? 지금 쉽게 상상하지 못하는 거대한 파장을 지구촌에 가져오게 될 것이 분명하다.

우리가 가만 앉아 있으면 그 격류에 휩쓸려 침몰하고 말 것이다. 지금 우리는 그 격류에 올라타는 수밖에 없다. 지난 20년 한국은 정체돼 있었다. 이제 한국도 다시 뛰어야 할 때가 되었다. 21세기는 중국식 국가자본주의와 영미식 시장 자본주의의 경쟁시대가 되고 있다. 양자 모두 장단점이 있다. 그러나 한국은 이미 국가자본주의의 시대를 건너왔다. 또한 우리가 이룬 민주화, 민주주의는 결코 포기할 수 없는 가치이다. 민간 주도, 시장 주도가 이미 한국 경제에서는 뿌리를 내렸다. 그렇다고 해서 정부의 역할이 없는 것은 아니다. 지금은 대전환기의 시대다. 오늘날 신자유주의 정책을 강조하는 정부는 찾기 어렵다. 세계는 이미 보호무역주의, 산업정책 시대로 회귀하고 있다.

정부, 데이터·초기개발비 적극 지원을

AI 혁명은 인류의 새로운 문명시대를 열어가게 될 것이다. 여기에서 뒤떨어지면 안 된다. 이를 위해서는 지금 단순히 시장에만 의존할 수 없는 것이 사실이다. 정부가 촉매 역할을 하고, 연구개발 자본을 대어주고, 때로 시장이 되어주는 역할을 해 나가는 수밖에 없다. 과학기술 발전, 신산업의 육성에 있어 시대에 따라, 나라에 따라 형식은 달라도 본질에서는 어느 나라 역사를 둘러보더라도 정부의 주도적 역할이 중요했다. 우리는 미국·중국같이 AI 기술을 선도하기는 이미 늦었다. 그러나 AI 시대 최대 승자는 해당 기술을 먼저 개발한 국가보다 해당 기술을 가장 빨리, 널리 응용해 채택한 국가가 될 것이다. 과거 영국 주도 산업혁명의 새로운 발명 기술들을 가장 잘 활용한 나라가 미국·독일이었다.

우리는 지금 공공부문 관리, 전산업의 공정과 경영 방식에 빠르게 AI를 접목해 생산성을 향상해 나가야 한다. 이를 위한 AI 프로그램을 개발해 나갈 수 있도록 정부가 적극 데이터와 초기 개발 비용을 지원해 나가야 한다. AI는 새로운 하드웨어가 필요 없기 때문에 우리가 하기에 따라 빠르게 활용을 확대해 나갈 수 있다. 중장기적으로는 전력공급, 산업 입지, 연구개발 역량, 교육시스템, 이공계로의 인재 유입, 젊은이들의 치열한 창업 열기를 뒷받침할 자본시장 여건 조성 등 종합적 혁신을 통해 제조업 경쟁력을 지켜야 한다. 그러나 이는 지금과 같이 시계가 짧은 국가 지배구조와 경제 운용시스템으로는 가능하지 않다. 인구 감소, 고령화를 어느 나라보다 빠른 속도로 당면하고, 중국의 부상에 따른 제조업 함몰 위기에 놓인 우리나라는 이제 지금까지의 정체된 국가 운영의 틀을 깨고 나와야 한다.

평화 오디세이-중국 AI굴기 현장리포트 ⑫

'빅데이터'로 AI 강자된 중국… 한국 '데이터 질'로 승부해야

중앙일보, 2025년 8월 21일, 종합 10면

김병연
서울대 석좌교수

한반도평화만들기의 '평화 오디세이 2025'에 참가하면서 필자는 다음의 세 가지에 주목하고자 했다. 첫째, 중국 인공지능(AI) 굴기의 현장을 보면서 AI가 주도하는 미래산업을 더 잘 이해한다. 둘째, 중국의 과학기술 발전의 현재를 보면서 이것이 중국 경제와 미·중 패권 경쟁에 미치는 함의를 평가한다. 셋째, AI를 중심으로 한국 제조업을 어떻게 발전시켜야 할지 생각한다.

예상한 대로 AI의 산업 활용도는 무궁무진해 보였다. 수많은 의료 영상자료를 학습한 AI가 질병의 진단에 있어 웬만한 의사를 능가하는 성과를 보인 것은 이미 잘 알려진 사실이다. 또 AI가 맞춤형 교육에 효과적인 사실도 이미 소개되었다. 그러나 중국이 이런 AI 통상적인 영역에서도 타국과 차이를 보이는 점은 AI가 실제 활용되는 정도가 훨씬 앞서 있고 이로부터 데이터가 급속도로 축적되고 있다는 사실이었다. 중앙정부의 의지에 따라 기득권의 저항을 극복하기 쉬운 중국은 활용도 면에서 타국보다 훨씬 유리한 환경이었다. 이러한 '실전' 데이터가 다시 AI의 학습에 활용되는 '스피드'는 어떤 나라도 따라가기 힘들 것처럼 보였다.

중국, AI 통해 장애 치료하는 기술 선봬

향후 확장성이 커 보이는 분야에서도 중국 AI 굴기의 성과는 대단했다. 가장 인상 깊었던 두 가지 기술을 소개한다면, 첫째는 AI를 통해 장애를 치료하는 기술이었다. 브레인코(BrainCo)는 뇌와 컴퓨터의 인터페이스 AI 전문업체로서 뇌가 손과 발을 제어하는 비식립(非植立) AI 기술의 첨단에 서 있었다. 이런 방법으로 손발뿐 아니라 뇌졸중, 치매, 수면 장애, 실명 치료에까지 사용될 미래 기술개발을 목표로 하고 있었다. 둘째는 4족 보행 전문 휴머노이드 업체였던 딥로보틱스였다. 휴머노이드 분야의 중국 기술은 향후 가장 빨리 성장할 산업 중 하나로 판단되었다. 중국의 기존 제조업 생태계에다 급속히 발전하는 AI 기술이 접목한다면 휴머노이드 분야는 중국이 세계 최강의 경쟁력을 보유할 분야로 보였다. 현재 소방과 치안 분야에도 휴머노이드가 투입되어 활용되고 있다고 한다.

AI 혁신을 가능하게 하는 중국의 강점은 타국이 쉽게 모방할 수 없어 보인다. 첫째는 제조업의 산업 생태계가 세계 최고 수준으로 잘 갖추어져 있다는 점이다. 미·중 패권 경쟁이 심각하지 않았던 시절, 미·중 간 분업을 이렇게 설명하기도 했다. "미국의 설계 기업이 설계도를 온라인으로 중국 선전에 있는 기업에 보내면 그 기업은 하루 만에 그 설계에 따라 만든 시제품을 보낸다." 미국이 최고의 두뇌를 갖고 있었다면, 중국은 제조업 생태계라는, 두뇌를 제외한 몸 전체를 갖고 있었던 셈이다. 그런데 이제 중국은 두뇌까지 만들고 있다. 아직 AI의 최고 성능은 미국에 미치지 못한다. 그러나 잠재력은 크다. 최근 발간된 서울대 국가미래전략원 경제안보 클러스터의 보고서에 따르면 중국 AI 연구는 이전 미국의 연구 성과를 주로 인용하는 데서 벗어나 자국에서 진행된 연구 결과를 활용하는 독자적인 생태계 확보에 성공했다. 동시에 2016년부터는 인용 수 상위 1% 논문 수에서도 미국을 앞섰다.

둘째는 빅 데이터다. AI 시대는 데이터가 많은 큰 나라에 유리하다. 게다가 중국은 데이터 보호에 관대하므로 데이터를 통한 학습이 필요한 AI 기업에 정부가 막대한 양의 데이터를 제공할 수 있다. 세계에서 이런 규모의 빅 데이터에 접근 가능한 나라가 있다면 중국과 미국뿐이다.

정부·국영기업 먼저 나서 AI제품 구매

셋째는 정부의 지원이다. 중국 정부는 AI를 중국의 경제성장뿐 아니라 미·중 패권 경쟁의 핵심으로 이해하는 듯하다. 중국 정부는 성장률 반등을 위해 내수와 과학기술에 크게 의존하고 있다. 그러나 내수 진작은 현실적으로 어렵다. 중국 및 세계 경제와 지정학에 대한 불확실성이 큰 상황에서 가계가 소비를 늘리고 기업이 투자를 증가시키기 힘들다. 따라서 중국 정부는 과학기술, 그중에서도 AI에 사활을 걸고 있다. 중국 정부와 국영기업은 AI 기업 제품의 가장 중요한 구매처다. 따라서 중국의 AI 기업은 시장의 수요가 충분하지 못하더라도 정부와 국영기업이라는 든든한 구매처가 있다고 믿기 때문에 더 적극적으로 제품을 개발하고 투자하려 한다.

넷째는 젊고 자신감 있고 기업가 정신이 강한 인력이 풍부하다는 점이다. 이번 방문에서 자신의 기업을 소개한 거의 모든 사람이

20~30대로 보이는 청년이었다. 그들은 자신감에 차 있었지만 겸손했고 많은 질문에 스스럼없이 답하면서도 핵심을 잘 짚었다. 중국의 이공계 대학 인력 배출은 미국의 4배 이상이며 경제협력개발기구(OECD) 국가를 다 합친 숫자보다 많다. 그중 많은 인력이 창업이나 신생 기업에 취업한다. 20~30대에 취업하여 40대는 퇴사하는 것이 AI 기업의 패턴이라고 말했다. 인구 자체가 많을 뿐 아니라 젊은 이공계 인력이 풍부한 점은 세계 어느 나라도 갖지 못한 중국 고유의 장점이다.

'평화 오디세이' 참가자들이 상하이 모쑤공간에서 AI 제품을 체험하고 있다.

이렇게 볼 때 AI는 중국에 매우 유리한 기술혁명의 변곡점이다. 만약 AI가 더욱 발전해 제조업 전반에 적용된다면 중국의 경제성장률 면에서 반등은 어렵더라도 하락 속도는 완만할 것이다. 그리고 그 가능성은 충분해 보였다.

그렇다면 중국의 AI 굴기가 미·중 패권 경쟁에 어떤 함의를 줄까. 이를 이해하기 위해서는 세 측면을 동시에 보아야 한다. 먼저 "AI의 원천 기술을 누가 선도할 것이냐"라는 기술적 측면이다. 이 면에서는 미국과 중국이 우열을 가리기 어려울 만큼 치열한 경쟁이 예상된다. 가장 뛰어난 기술은 미국이 주도할 것이지만, 중국은 더 경제적이며 가성비 높은 AI 기술로 미국의 선도적 지위를 위협하리라는 전망이 일반적이다. 두 번째 측면은 AI의 산업 적용이다. 이 면에서는 제조업 생태계가 잘 갖추어져 있는 중국이 미국보다 크게 유리하다.

중국 AI 발전 걸림돌은 취약한 금융

세 번째는 "어느 나라가 더 잘 버티는가"라는 경제와 지정학적 측면이다. 이 점에서는 미국의 취약성도 증가하고 있지만, 중국은 더 취약해 보인다. 먼저 중국의 AI 기술을 판매하거나 그 기술을 적용한 제품을 판매할 수 있는 시장이 축소되고 있다. 전 세계 시장 중 미국과 그 동맹국, 유럽연합(EU) 시장이 중국 제품의 구매를 꺼린다면 60% 정도의 시장이 중국 AI 기술과 제품에 문을 닫는 셈이다. 나머지 40%의 시장만으로는 AI의 지속적 발전에 불충분하다, 또 금융이 발전한 미국은 금융 생태계가 AI를 지원하지만, 중국은 그런 금융의 기능이 제한돼 있다. 결국 정부가 개입해 투자와 구매를 도와주는 방법 외에는 별다른 길이 없다. 미국 금융의 선별 기능은 중국 정부보다 뛰어날 것이다. 중국의 정부 부채는 이미 심각하다. 결국 AI 주도 성장 전략이 잘못하면 부채 주도 성장과 별반 차이가 없어지게 된다.

화웨이 롄추후 R&D 센터의 견학과 대담도 흥미로웠다. 화웨이는 미국 제재를 예상하지 못했으며 현재도 고통을 심각하게 느끼고 있다고 말했다. 대신 미국의 제재, 특히 첨단 장비와 첨단 칩의 수출 제한에 대응하여 많은 엔지니어링을 통해 극복해 나가고 있다고 답했다. 이는 수율 면에서 불리함을 인정하는 말 같이 들리기도 했다. 다만 우회로를 찾아 수많은 엔지니어링 작업을 하는 과정에서 습득된 노하우는 또 다른 기술 개발로 이어질 가능성이 있어 보였다. 특별히 인상 깊었던 점은 AI의 광범한 활용 가능성을 화웨이가 파악해

AI의 범용 기술화를 선도하고 있다는 점이었다. 예를 들면 송전망의 손실을 실시간 감시하고, 항만의 화물 하적과 선적을 원격으로 조종하며, 스마트 팩토리에서의 화물차 자율주행, 그리고 금융 거래에서 위험 거래를 실시간으로 식별하는 데 AI가 활용되고 있다는 점이었다.

미국 제재 고통 여전, 기술 발전엔 기회

그렇다면 한국의 AI 개발은 어떤 방향으로 나가야 할 것인가. 한국은 앞에서 언급한 중국과 초기 조건이 다르다. 그런 면에서 불리한 점이 많다. 그러나 한국 고유의 강점도 있다. 그중 질 높은 산업 데이터를 확보하고 있다는 사실이 최대의 장점 중 하나다. 첨단 제조업이 넓게 분포돼 있고 그 기술의 깊이도 골고루 깊은 나라는 한국 외에 찾기 어렵다. 특히 제조업에서는 숙련공의 암묵지가 중요하다. 따라서 숙련공의 암묵지를 AI 학습을 위한 데이터로 만들어 사용한다면, 중국 AI가 데이터의 양으로 앞서 나갈 때, 우리는 데이터의 질로 도약할 수 있다. 그래야 새로운 산업혁명이 될 AI 시대를 선도할 국가 그룹에 한국도 포함될 수 있을 것이다.

평화 오디세이-중국 AI굴기 현장리포트 ⑬

'쌍일류 대학'에 260조원 쏟은 중국…
한국은 16년간 등록금 동결

중앙일보, 2025년 8월 28일, 종합 10면

염재호
태재대 총장

한반도평화만들기 재단이 지난달 이끈 '평화 오디세이 2025' 중국 탐방은 많은 참가자들로 하여금 탄식의 소리를 말없이 삼키게 했다. 챗GPT 등장보다 중국 딥시크의 출현은 더 큰 충격이었다. 어느 정도 짐작만 했던 중국 인공지능(AI)과 로봇 등 첨단기술의 약진을 현장에서 목격하니 미래는 더 위협적으로 다가온다. 중국의 첨단기술개발은 무한궤도를 질주할 것인가?

2010년 상하이 엑스포에 참관했을 때 운행되던 전기버스가 이제는 우리 시내를 질주하고 있다. 우리나라 운행 전기버스의 40% 정도가 중국산이고 2024년 신규 등록은 60% 정도라고 한다. 2012년 베이징대 교환교수 시절 베이징대 옆 중관촌(中關村)은 엉성한 PC와 컴퓨터 부품을 판매하는 세운전자상가 정도처럼 보였다. 당시 마트에서 구입한 정수기는 모양만 정수기지 물이 그대로 술술 빠지는 허술한 제품이었다. 중국이 우리를 쫓아오려면 멀었다고 무시했다. 1993년 동방명주탑 건설이 한창인 상하이에서 향후 푸둥지구 개발계획 청사진 보고를 받고 마치 사우디아라비아의 네옴시티 계획처럼 황당하게 여겼다. 지금 푸둥은 뉴욕 맨하탄 못지않다. 중국이 상전벽해가 된 것이다.

그런 변화가 AI와 로봇에서도 일어나고 있다. 저장대 출신 국내파 연구원들이 값싸게 개발한 딥시크가 챗GPT에 견줄 만하다는 것은 또 하나의 스푸트니크호 충격이다. 이번에 방문한 안면인식 기술에 독보적인 센스타임, 음성인식 전문 아이플라이테크, 뇌와 기계 연결의 브레인코, 화웨이 롄추후 R&D센터, 4족 보행 로봇을 실용화한 딥로보틱스, AI 신제품을 전시 판매하는 모쑤공간, 모두 경탄을 금할 수 없었다. 30년 전에 중국은 도저히 따라오지 못할 것이라고 예견했던 첨단기술의 미래가 이렇게 펼쳐지고 있다니 이런 일들은 어떻게 가능했을까?

30년 전엔 예견 못한 중국 첨단기술 발전

처음 방문한 상하이 장강과학기술단지(張江 Science City)에서 힌트를 얻었다. 푸둥개발과 함께 1992년 시작된 장강과학기술단지는 연구 산업 융합단지로서 초기 99㎢의 규모에서 이제 서울 면적의 3분의 1도 넘는 220㎢로 확장되었다. 단지 내에 IBM, 마이크로소프트 AI 랩을 위시해 53개 기업과 수백 개의 국제 R&D센터가 자리 잡고 있다. 반도체·바이오제약·소프트웨어 서비스 분야의 국제협력 생태계를 중국 정부는 삼십 년 이상 차근차근 추진해온 것이다.

우리가 중국을 우습게 보는 사이에 중국은 변했다. 우리가 고도 경제성장의 열매를 나누며 토끼처럼 쉬고 있을 때 중국은 거북이걸음을 쉬지 않았다. 국가주도 계획경제와 대규모 정부지원은 우리의 경제개발 5개년 계획과 중화학공업육성 계획 이상으로 빠르게 추격형 전략에 성공했다. 마치 1983년 이병철회장이 삼성에서 반도체를 개발하겠다고 하자 일본 미쓰비시종합연구소가 이는 무모하고 불가능하다는 보고서를 낸 것처럼 우리가 중국을 무시하는 사이에 중국은 퀀텀 점프를 했다.

중국은 2008년 '천인계획(千人計劃)'으로 장강학자(長江學者)를 지원하고 노벨수상자 수준의 해외석학을 유치했다. 중국 과기부는 100여개 핵심대학 연구역량 강화를 위한 '211공정'과 1997년 세계수준 대학을 위한 국가기초연구 프로그램 '973공정'을 추진했다. 2017년 이를 발전시킨 '쌍일류(?一流)'대학 프로그램으로 베이징대·칭화대 같은 일류대학 42개와 일류학과 465개를 지정했다. 정부가 약 260조 원 이상의 예산을 지원했다고 한다.

장강학자들은 평균 교수 봉급의 2~3배의 급여와 주택을 제공받는다. 매년 3억원에서 6억원에 달하는 연구비를 정부가 지원하고 대학이 매칭도 해준다. 마치 60년대 우리나라 KIST에서 재미과학자를 유치할 때처럼 파격적이다. 대학이 연구수익도 마음대로 처분할 수 있게 하고 연구자에게 수익의 50% 이상의 인센티브도 제공한다.

AI 등 10대 전략산업 체계적 추진해온 중국

과학기술은 국가경제의 미래를 견인한다. 지식사회의 미래를 위해 지식생산 투자는 필수적이다. 지식생산과 인재육성은 대학의 역할이다. 유럽의 거의 모든 대학이 국공립인 것은 대학이 그 나라의 미래이기 때문이다. 하버드대의 일년 예산은 약 9조원 정도이고, 기금은 약 75조원 정도 된다. 그런데 트럼프 행정부가 이번에 하버드대에 지원하던 연방정부 예산 약 3조7000억원을 삭감한다는 것을 보고 놀란 것은 기금과 예산이 풍족한 사립대학 하버드대에도 미국정부가

평화 오디세이 참가자가 상하이 모쑤공간에서 AI 제품을 체험하고 있다.

그동안 그렇게 많은 예산을 지원해 왔다는 사실이다.

2022년 기준 우리나라 중고등학교 공교육비 예산은 경제협력개발기구(OECD) 평균보다 42%나 많은데 대학은 OECD 평균보다 36%나 적다. 중국이 치열하게 대학연구를 지원하고 대학을 육성하는 동안에 우리나라는 우파정권이건 좌파정권이건 막론하고 16년간 대학등록금 인상을 억제하고 대학연구를 관료행정 방식으로 규제해왔다. 우리 정치 지도자들과 정책담당자들은 무슨 생각으로 이런 정책을 고수해왔고, 이제 중국의 부상을 겁내며 대응책을 마련한다는 오늘 과연 무슨 생각을 하고 있는지 궁금하다.

2015년 시작된 '중국제조 2025' 전략은 AI·로봇·반도체·바이오·항공우주·첨단소재 등 10대 전략산업 육성을 체계적으로 추진했다. 이번 평화오디세이 방문에서 놀란 모든 것들이 그 결과로 이루어진 것이다. 화웨이만 해도 우리나라 전체 R&D예산보다 많은 R&D예산을 쓰고 그것도 기초과학 연구에 투자한다.

한국, 산업·과학기술 정책 패러다임 바꿔야

우리는 이제 획기적으로 기존 산업정책과 과학기술 정책의 패러다임을 수정해야 한다. 기존 방식으로 짜깁기와 덧붙이기식의 정책을 지속하면 아무리 노력해도 소용없다. 그동안 우리나라는 자본주의를 표방하면서 평등 위주의 사회주의 정책을 펼쳐왔고 중국은 공산주의를 표방하면서 경쟁 위주의 자본주의 정책을 펼쳐왔다. 20세기식 관료제화된 정책집행으로는 중국과 같은 경쟁시스템을 이겨낼 수 없다.

1971년 출범한 KAIST는 전액장학금과 당시 군사정권이었음에도 불구하고 군대면제 혜택으로 이공계 엘리트들을 육성했다. 삼성반도체 성공의 주역들이 바로 이들이다. 평화 오디세이에 함께 참여했던 엄윤설 에이로봇 대표의 지적이 머리에 남는다. 사족보행 로봇기술은 우리도 갖고 있지만 중국처럼 이들 스타트업 제품을 정부가 구매하여 소방현장이나 공장에 직접 투입하는 것이 무섭다고 했다. 현장에서 발생하는 엄청나게 많은 데이터들이 축적되어 신기술개발에 활용될 텐데 그런 데이터들을 갖지 못한 우리는 결국 기술개발 경쟁에서 도태될 수밖에 없다는 것이다. 이제 정부가 AI나 로봇산업과 관련해 어떻게 규제를 완화하고 어떻게 지원을 강화하는지에 따라 미래 경쟁력은 달라질 수밖에 없다.

연경 사절단을 따라가 중국 생활과학의 우수성에 충격을 받은 박제가는 『북학의』에서 명나라의 유학 전통만 신봉하던 조선 유학자들을 비판했다. 청나라가 천하를 차지한지도 벌써 100여 년이 흘렀는데 청나라를 아직도 오랑캐라고 무시하지 말고 남한산성의 치욕을 씻고자 하면 20년 동안 힘써 중국을 배워야 한다는 박제가의 간절한 마음이 바로 평화 오디세이 참가자들이 느끼는 마음일 것이다. 이제 우리가 알던 중국은 없다.

일찍이 『중국의 과학과 문명』이라는 방대한 저서에서 케임브리지대 조지프 니덤 교수는 화약·나침반·종이 등 뛰어난 과학적 발명이 중국에서 유럽으로 전해진 것을 역사적으로 밝혔다. 이제 중국은 잃어버린 수백 년의 역사를 버리고 과학기술 굴기를 차근차근 준비하고 있다. 조지프 니덤은 또 다른 저서 『조선의 서운관(書雲觀)』에서 "중국 문화권 주변의 모든 민족 중에서 한국인은 과학, 기계기술 및 의학에 가장 관심이 컸을 것이다. 한국 천문학이 중국의 천문학에 단단한 기초를 두고 있지만, 한편으로 의미 있는 한국 특유의 특성을 가지고 있다는 확신을 얻었다. 한국 천문학이 만들어 낸 각종 의기와 문서 기록은 세계 과학사의 귀중한 유산이다"라고 조선의 과학을 평했다. 세종대왕처럼 과학기술의 중요성을 강조하고 정교한 정책디자인과 정권변동에 상관없는 지속적인 과학기술 정책패러다임 구축만이 우리 미래를 살릴 수 있다. 정치지도자들이 정권투쟁에만 매달릴 때 우리는 구한말과 같은 치욕의 미래와 일본처럼 잃어버린 30년의 미래를 맞게 될 것이다. 중국 첨단기술의 도전이 우리나라의 미래운명을 좌우할 시금석이 되어 다가오는 바로 지금이 우리에게 남은 마지막 기회이다.

평화 오디세이-중국 AI굴기 현장리포트 ⑭

핵무기 다음 가장 큰 위협은 AI…
중국은 벌써 '전장 혁신' 나섰다

중앙일보, 2025년 9월 2일, 종합 10면

윤병세
한반도평화만들기
이사,
전 외교부 장관

트럼프 1기가 출범한 2017년은 흔히 포스트 탈냉전 시대의 시작으로 불리지만 기술 냉전과 인공지능(AI) 패권경쟁 시대의 원년이기도 하다. "AI 선도 국가가 세계를 지배한다"는 푸틴 러시아 대통령의 발언(2017년)은 기술이 지정학을 주도하는 시대의 도래를 상징한다.

중국 국무원은 2017년 '신세대 AI 발전 계획'을 발표하고 "2030년까지 세계 최고 AI 강국"을 목표로 설정했다. "2020년까지 추격, 2025년엔 돌파, 2030년에는 글로벌 선도"라는 구체적 로드맵도 세웠다. '중국 제조 2025' 계획에 포함된 10대 첨단산업 분야의 다수에서 세계 1위 목표를 달성한 데 이어 이제 AI 분야까지 미국을 위협하고 있다. 창업 2년밖에 안 된 딥시크가 올해 초 추론형 AI 모델을 출시한 것은 미국에는 '스푸트니크 순간'이었다.

지난 2월 시진핑 주석이 딥시크 최고경영자(CEO) 등 17개 기업 대표를 불러 모아 AI 국가 총력전 모습을 연출한 데서 보듯이 AI는 미국의 아폴로 우주선 계획 같은 국가 지원 최역점 사업이 되고 있다.

AI 기술, 안보·문화 등 인류 전체 흔들어

이러한 중국 AI 혁명의 현장을 지난 6월 말~7월 초에 걸쳐 '평화 오디세이 2025' 대표단의 일원으로 방문한 것은 상전벽해의 경험이었다. 중국의 경제적 굴기가 과학기술 굴기로, 특히 AI 굴기로 빠른 속도로 나아가는 모습과 그 동인을 확인하게 되었다. 그러나 AI의 경제 산업적 전환을 보면서 그와 함께 드러나고 있는 군사적·지정학적 함의를 주목하지 않을 수 없었다. 특히 AI의 책임 있는 군사적 이용(REAIM)에 관한 글로벌 위원회를 주재하고 있는 필자의 입장에서 인류의 미래에 미칠 영향도 고민하지 않을 수 없다.

지난달 초 아시아태평양경제협력체(APEC) AI 포럼에서 중국 정부 대표는 "지금 인류는 100년에 한 번 있을까 말까 한 변화를 목도하고 있다"고 했다. 이러한 변화는 산업과 과학 기술을 넘어 안보, 정치, 문화, 법과 윤리까지 문명의 모든 층위를 뒤흔들고 있다.

그렇기에 AI는 국제사회에서 신흥 기술 내지 신흥혁신기술(EDT)로 분류되지만, 변환적 또는 문명 전환적 메타 기술로 불린다. 생성형 AI에서 범용 AI(AGI)와 초지능(ASI)으로 나아가는 AI 시대에 인류가 어떻게 대응하느냐에 따라, 미래의 국제관계와 문명사는 전혀 다른 궤적으로 펼쳐질 것이다.

AI 자율무기, 허용범위 두고 논란

그 이유는 AI가 양날의 칼이기 때문이다. 인류에게 많은 분야에서 수많은 혜택을 줄 수 있지만 잘못 개발하고 사용하면 인류의 생존에 실존적 위협이 될 수 있기 때문이다. 헨리 키신저 전 국무장관과 에릭 슈미트 전 구글 회장은 새로운 '시대'(Age)가 '시작'(Genesis) 되는데 '인류의 미래상'과 '인간의 정신'이 어떠해야 하는지를 고민하였다. 특히 키신저 장관은 AI가 국제질서와 인류의 사고방식 자체를 재편할 수 있고, 미·중 관계 등 국가 간 세력 균형을 흔들어 핵무기 이후 가장 근본적인 위협이 될 수 있다는 점을 경고했다.

민간 분야에서의 눈부신 AI 기술 발전은 현대전의 복잡성과 서로 공명을 하면서 군사 작전과 비작전 분야를 가리지 않고, 무기 체계뿐 아니라 비무기 체계로, 그리고 군사적 결정 지원까지 빠른 속도로 통합되고 있다. 이에 따라 리스크도 함께 커지고 있다. 인간과 AI간 협업 차원을 넘어 AI가 인간의 통제를 벗어 날 우려가 점점 커지고 있기 때문이다.

AI는 '범용기술'이자 '이중 용도기술'이고 다른 응용을 가능하게 하는 '기반 기술'이기 때문에 AI 주도국들은 각자의 안보환경에 맞는 군사 영역에 폭넓게 도입 중이다. 미국·중국·러시아·영국·프랑스·북대서양조약기구(NATO)·호주·이스라엘·싱가포르 등이 대표적이다. 우리도 AI 기반 첨단 과학기술 강군 육성을 추진 중이다.

민간영역처럼 군사 영역에서도 자율성은 자동화와 함께 많은 분야로 확산 중이다. 지난 10여년간 국제사회에서 가장 논란이 큰 것은 (치명적) 자율무기 체계의 허용 범위와 규범 정합성이었는데, AI가 활용되면서 목표 식별, 민간인 피해, 인간통제, 책임 귀속 문제가 더욱 크게 부각되고 있다. 생명, 즉 인간의 존엄성과 직결되기 때문이다.

무인 기술 사용범위가 넓어지면서 유무인 협력(MUM-T) 전쟁이 새로운 미래전의 주요 양태로 부상하고 있다. 우크라이나·러시아 전쟁의 총아가 된 드론, 특히 드론 군집(swarm) 전략은 전쟁의 방식을 바꿔 놓았다. 정확한 목표 설정과 공격을 넘어 AI 기반 자율 방어 시스템까지 도입되고 있다. 미국도 중국의 대만 침공 시에 대비해 드론 군집 전략인 지옥 전장(hell scape) 개념을 도입 중이다. AI가 큰 역할을 할 것으로 예상된다.

더 나아가 AI는 무기체계를 넘어 지휘·통제·통신·사이버(C4)와 정보·감시·정찰(ISR), 우주 등으로 영역을 확장하면서 미래전의 양상을 뒤바꿔 놓고 있다. 특히 인류 존망과 관련된 핵무기 사용 결정에 AI의 관여를 허용할 것인지에 대한 치열한 논쟁이 전개되고 있다.

북·러도 AI 등 과학 기술분야 협력

이러한 AI 패권 경쟁은 민간과 군사영역에서 날로 심화하고 있다. 미국은 오바마 행정부 말기 첫 번째 AI 전략보고서 이후 트럼프 1기와 바이든 행정부를 거치면서 국방부가 세부 지침을 수립하였고, 지난 7월 트럼프의 야심 찬 'AI 행동계획'이 발표되었다.

중국은 신흥 기술(EDT) 64개 중 57개에서 선두 주자가 된데 이어, 우주·바이오·로봇·양자·첨단 소재뿐 아니라 핵과 사이버 분야에서 AI의 군사적 활용에 관심을 기울이고 있다. 최근 미국과 중국이 각자의 우방국들과 실시하는 다영역 군사훈련도 AI 연동성과 관계된다. 작년 북·러 전략적 동반자 조약도 핵과 AI 등 과학 기술분야 협력을 명시하고 있다. 북한의 군사용 AI 역량 증대는 북한의 핵·미사일 역량을 강화해 우리에게 실존적 위협으로 다가올 것이다.

우리나라도 작년 말 국가 인공지능 위원회가 출범하였고 새 정부도 AI 3대 강국 전략을 발표하면서 AI 선도국 대열에 참여하고 있다.

군도 국방혁신을 통해 AI 활용 노력을 강화하려고 한다.

군사적 사용 관한 글로벌 규범 필요

이러한 상황에서 AI 선도국들은 AI의 군사적 효용을 제고하면서도 안전장치를 마련하고 AI의 군사적 사용에 관한 글로벌 규범을 마련하려고 한다. 책임 있는 AI의 개발과 사용을 위한 다양한 방안을 마련 중이다. 한국과 네덜란드가 주도해 2023년 출범시킨 'AI의 책임 있는 군사적 이용(REAIM)에 관한 고위급회의'는 지난해 한국 주최 2차 회의에서 'AI 행동계획'을 채택한 데 이어 유엔 총회에서 REAIM 결의를 채택하는 외교적 쾌거를 이루었다. 지난해 출범한 민간 차원의 "REAIM 글로벌 위원회"도 유엔 결의를 지원하는 전략적 방안에 관한 건의서를 곧 유엔 사무총장에게 제출할 예정이다.

딥로보틱스의 4족 로봇 움직임을 보는 평화 오디세이 참가자들

미·중 간에는 2023년 APEC 정상 회담시 양 정상 간에 핵무기와 AI 연동 문제에 관한 안전장치에 대해 합의한 바 있는데 트럼프 2기에서도 유지될 필요가 있다.

한국, 중견국가로서 교량 역할 다해야

키신저 전 장관은 20세기 질서를 바꾼 건 핵이지만, 21세기 판도는 AI가 만들 것이라고 진단했다. 미국·중국·영국·싱가포르 등 AI 선도국들은 기술·안보·외교를 3두 마차로 국가 차원의 총체적 전략을 수립해 나가고 있다.

트럼프 행정부는 7월 말 'AI 행동계획'을 발표해 "AI 혁신 가속화, 미국 내 AI 인프라 구축, 국제 외교 및 안보 주도"를 3대 축으로 추진하겠다고 밝혔다. "AI 분야 경쟁에서 세계 지배(global dominance)를 유지하기 위한 것"임을 분명히 했다.

이에 맞서 중국의 리창 총리는 지난 7월 글로벌 AI 거버넌스 체제 수립을 40여 개국에 제안하였다. 2년 전 시 주석이 제안한 글로벌 AI 거버넌스 이니셔티브(GAIGI)를 구체화한 것이다.

모두 기술과 산업, 국가안보와 외교가 어떻게 통합적으로 연결되는지를 잘 보여 주며 우리에게 시사하는 바가 크다. 최근 정부가 발표한 AI 정책 방향은 산업 기술적 측면에서 적극 추진해 나가되 군사안보 차원의 자강 능력 강화에도 활용하고 나아가 이미 우리가 적극 주도하고 있는 글로벌 거버넌스 외교를 더욱 강화해야 한다.

미·중간 경쟁 심화, 공급망 다변화, 글로벌 사우스의 중요성 등 지정학적 변화에 맞추어, 한국은 유엔 회원국이자 중견 국가로서의 책임 있는 교량 역할을 해야 한다.

AI 차이나 쇼크…
한국, 머리부터 발끝까지 '혁신 DNA' 새겨라

중앙일보, 2025년 9월 4일, 종합 10면

윤영관
한반도평화만들기
이사,
전 외교부 장관

지난 7월 한반도평화만들기 재단이 주최한 평화 오디세이 2025에 참가해 중국의 인공지능(AI) 업체들을 방문했다. 사실 뉴욕타임스 칼럼니스트인 토머스 프리드먼이 지난 4월 2일 쓴 "나는 미래를 보았다, 그곳은 미국이 아니었다"라는 칼럼을 읽었을 때만 해도 좀 과장이 섞인 것 아닌가 하는 생각이었다. 그러나 그가 방문했던 화웨이의 상하이 롄추후 R&D 캠퍼스를 직접 가보니 과연 충격적이었다.

화웨이뿐 아니라 안면인식 AI 회사인 센스타임, 음성인식 AI 회사 아이플라이텍, 4족 보행 로봇을 개발해 상용화하고 있는 딥로보틱스도 방문했다. 각 회사 담당자들의 설명을 듣고 그들의 AI 기술개발과 상용화의 속도가 무척 빠르다는 것을 알 수 있었다. 중국 기업들은 거대한데, 유연하고 빨랐다. 게다가 정치권력이 집중된 권위주의 체제의 이득도 보고 있었다. 겉으로는 사회주의를 내걸었는데 우리보다 더 자본주의적이었고 혁신적이었다. 그에 비해 우리는 자본주의라면서 그 동력을 살리지 못하고 온갖 규제와 이해관계와 정치가 얽혀 옴짝달싹 못하고 있다.

직접 보니 더 놀라운 중국 AI 속도전

지금 AI가 세상의 모든 것을 바꾸고 있다. 구글의 최고경영자(CEO) 순다르 피차이는 2018년 1월 다보스 포럼에서 AI가 불이나 전기보다도 더 중대한 변화를 가져오고 있다고 말했다. 이제까지 인간은 도구들을 발명해서 삶을 풍족하게 만들어왔다. 그러나 그 도구를 부리는 주인은 항상 인간이었다. 이제 인간이 발명한 AI라는 도구가 엄청난 생산성 향상을 가져다주는 대신, 최초로 인간의 통제 범위를 벗어날 초유의 상황이 도래하고 있다. 그러한 기술을 어느 국가가 먼저 선취할 것이냐를 놓고 기존의 대국 미국과 상승하는 대국 중국 간에 치열한 경쟁이 벌어지고 있다. AI 경쟁에서 승리하는 국가가 향후 패권을 지배하게 될 것이 확실하기 때문이다.

국제정치의 역사에서 기술 확보는 상승 대국과 기존 대국 간 패권 경쟁의 핵심이었다. 상승 대국은 기술력이 우월한 기존 대국으로부터 선진 기술을 빼내 오려고, 그리고 기존 대국은 자기네의 선진 기술이 상승 대국으로 넘어가지 못하게 지키려고 전전긍긍했다. 예를 들어 16~17세기 패권국 스페인은 해양 패권과 제국주의 확장을 가능하게 한 핵심 자산인 대형 선박 갤리온(Galleon)선의 건조 기술과 항해 지도를 국가기밀로 엄격히 관리했다. 그러나 네덜란드 상인과 기술자들은 스페인 항구에서 몰래 선박 구조를 관찰하거나 설계도를 확보해, 더 효율적인 플루트(Fluyt)선을 개발했다.

최초로 산업혁명을 성공시킨 영국의 기술 유출 방지 노력도 상당했다. 후발 산업국 미국은 독립 직후부터 영국의 선진 기술을 확보하려 강력한 노력을 기울였다. 당시 영국은 자국의 산업기술(특히 방직, 제철)을 기밀로 취급해 기술자와 도면의 해외 유출을 엄격히 금지했다. 그러나 미국은 여러 경로를 통해 빼내 오기에 성공했다. 예를 들어, 새뮤얼 슬레이터라는 영국의 방적공장 견습공이 1789년 출국 금지 규정을 피해 기계 도면을 암기한 채 미국으로 이주했다. 그는 로드아일랜드에 정착해서 4년 후 최초의 수력 방적공장을 세웠다. 그후 그는 미국에서는 "미국 산업혁명의 아버지"로, 그리고 영국에서는 "배신자(Slater the Traitor)"로 불리게 되었다.

AI 상용화 이룬 중국, 미국과 경쟁 치열

비슷한 양상의 치열한 경쟁이 현재 미국과 중국 사이에 AI를 둘러싸고 벌어지고 있다. AI의 선발주자는 분명히 미국이었다. 그러나 중국이 급속도로 미국을 따라잡고 있다. 올해 1월 딥시크의 R1 모델을 공개했을 때, 미국 오픈AI의 CEO 샘 올트먼은 자기 회사가 "역사의 잘못된 편에 있는 것 같다"고 말했다. 지난 7월 11일에는 알리바바의 지원을 받는 중국 기업 문샷AI가 최첨단 오픈 모델 '키미 K2'를 내놓으며 또 하나의 충격파를 던졌다. 미국의 대중국 반도체 수출 통제가 미국의 우위 유지에 도움이 되긴 했지만, 중국은 그것을 계기로 자국 내 이노베이션을 더욱 강화하고 수출 통제를 우회하는 방식 등으로 미국을 바짝 추격해 나갔다.

미국 랜드(RAND) 연구소의 두 전문가는 최근 '포린어페어즈'지에서 미국과 중국 간 AI 경쟁은 단순히 연산 능력 중심의 연구개발, 이노베이션 부문만 아니라 AI 기술을 얼마나 넓게 응용하느냐, 그리고 글로벌 생태계에 표준, 공급망, 인프라 구축 경쟁에서 누가 이기

느냐, AI의 악용 등에 의한 안보 리스크 관리 능력을 누가 더 확보하느냐까지 고려해야 한다고 주장했다.

그렇게 볼 때 두 번째로 중요한 것이 AI 기술의 응용이다. 전문가들은 이 분야에서 중국이 앞선 것으로 보고 있다. AI를 경제뿐 아니라 보건·금융·교육·에너지·물류 등의 전 분야에 응용하고 확산하는 것이 중요하다. 그런데 중국 정부는 'AI플러스' 전략을 통해 AI를 경제·산업·사회 전 분야에 접목시키는 데 전력을 기울이고 있다. 화웨이 R&D 캠퍼스를 방문했을 때 담당자는 바로 얼마나 다양한 영역에서 AI가 실제로 응용되고 있는지 자랑스럽게 설명했다. 예를 들어 중국은 산업용 로봇 설치에서 세계 선두주자다. 샤오미 베이징 공장은 700대 이상의 AI 로봇을 활용해서 평균 76초마다 전기차 1대를 생산해 내고 있다. 이른바 인력이 전혀 필요 없는 '캄캄한 공장(Dark Factory)'이 제조 부문에서 확산되고 있다. 그리고 교통 관리, 감시, 치안 등 모든 범위에서 광범위하게 AI가 사용되고 있다.

광범위한 AI 활용, 중국이 미국 앞서

글로벌 AI 생태계의 확산에서도 미국이 뒤지고 있는 느낌이다. 미국은 기업들이 주로 폐쇄형 모델 개발에 집중해서 AI 기술이 적대국에 넘어가 안보 위협이 되는 것을 차단하는 데 집중해 왔다. 그러나 중국은 오픈 AI 모델을 채택하면서 디지털 실크로드 구상 등을 통해 개도국의 주요 디지털 인프라 제공자로 자리매김하고 있다. 2025년 1월 딥시크 R1 앱은 전 세계적으로 3300만 명의 활성 사용자가 이용했고 4월에는 그것이 9700만 명으로 늘었다. 사용자의 필요에 맞게

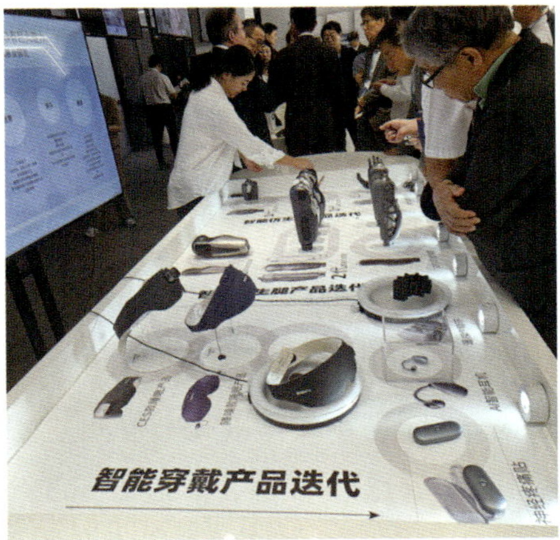

스마트 인공 손발을 생산하는 '브레인코'를 둘러보는 평화 오디세이 참가자들.

변형된 파생 버전들이 원본 R1보다 다섯 배나 많이 다운로드됐다고 한다. 이미 화웨이와 ZTE 같은 기업들은 지난 10년간 전 세계적으로 수억 달러 규모의 투자를 통해 통신망, 해저 케이블, 감시 장비를 포함한 인프라 사업을 추진해 왔다. 이는 중국적 소프트파워의 확산, 즉 국제정치, 중국 역사, 인권 문제 등에 대한 중국적 시각이 전 세계적으로 퍼져나갈 것이라는 의미다.

이 와중에 한국은 어떻게 해야 하나? 한때 서구 학자들은 일본·한국·대만 등의 경제 발전을 '발전국가(developmental state)'라는 개념으로 설명했다. 한국이 그 대표적인 성공 사례로 수많은 학자들의 연구 대상이 됐다. 1960~80년대 국가가 중장기 전략을 갖고 관료와 기업들이 적극 협력해 경제를 성장시켜 나간 시절의 이야기였다.

한국, 혁신 대통령이 도약 성공시키길

이제 한국은 '혁신국가(innovation state)'가 되어야 한다. 대통령부터 관료, 그리고 학교와 산업계 모두가 혁신 마인드로 무장해야 한다. 특히 대통령이 혁신 대통령이 되어야 한다. 한국은 중국과 달리 민주주의 국가다. 다양한 이해관계가 얽히고설킨 민주국가. 거기서 혁신을 추구해야 하니, 더욱 힘들다. 그래서 혁신에 대한 모든 장애 요인들을 제거해 나가야 할 대통령의 정치적 리더십이 대단히 중요하다. 이재명 대통령이 향후 중국을 방문할 때 상하이 근교 화웨이 R&D 캠퍼스를 꼭 방문하기를 제안한다. 3만 명에 가까운 중국의 가장 뛰어난 젊은 인재들이 함께 모여 하루 24시간 두뇌를 짜내고 있는 모습, 그것을 가능하게 해주는 기업과 정부의 지원과 정책을 직접 볼 필요가 있다.

젊은 나이에 창업해서 수십 번 실패해도 재기해서 성공해 큰돈을

벌 수 있는 기업문화가 조성돼야 한다. 그렇게 되면 의대 쏠림 현상도 끝날 것이다. 대학의 AI 분야 전공 학생 숫자도 교육부 관료가 틀어쥐고 있고, 연구자들에 대한 보상과 지원도 제대로 안 돼 그나마 있는 AI 인력도 해외로 빠져나가고 있으며, 새 기술이 개발돼도 그것을 상용화하는 것을 돕는 게 아니라 방해가 되는 관료주의, 그것이 오늘날의 우리 현실이다. 과거 박정희 대통령이 수출주도 경제 발전을 추구하면서 직접 모든 것을 챙겼던 것처럼, 이재명 대통령도 혁신 대통령, 문제 해결사 대통령이 되어 한국 경제의 제2의 도약을 성공시키기를 간절히 기원한다.

PEACE ODYSSEY 2025

리셋코리아와 함께하는 평화오디세이

관련 칼럼

홍석현

관련 칼럼 ①

중국식 AI 혁명의 충격… 우리가 잘하면 축복

중앙일보, 2025년 7월 7일, 종합 31면

이하경
한반도평화만들기 이사,
중앙일보 대기자,
전 주필

나보다 덩치가 스물여덟 배나 큰 거인이 잠에서 깨어나 전력으로 질주하면 어떻게 해야 할까. 평화오디세이 일원으로 거대 중국의 인공지능(AI) 혁명을 이끄는 기업·연구센터·대학을 방문하는 내내 충격을 받았다.

상하이에 있는 화웨이 연구개발기지 '롄추후 R&D센터' 면적은 축구장 225개, 여의도 절반 정도다. 세계 최대 규모의 연구단지다. 지난해 문을 연 뒤 전 세계에서

상하이 장장과학단지 내 로봇 밸리의 모습. 장장그룹 홈페이지 캡처

2만4000명이 입주했다. 78%가 석·박사 학위 소지자고 평균 연령은 31.6세다. 상하이 장강과학단지 크기는 서울 면적의 3분의 1이다. 2만4000개 기업, 50만 명의 인재가 모여 있다. 직원들은 996(오전 9시 출근, 오후 9시 퇴근, 주 6일 근무)이 일상이다. 임원들은 007(0시 출근, 0시 퇴근, 주 7일 근무)을 당연시한다. 주52시간 근무에 묶여 있는 한국과 너무도 다르다.

중국에서는 매년 미국의 10배 수준인 500만 명의 스템(STEM, 과학·기술·공학·수학) 인재가 대학에서 쏟아져 나온다. 이 중 박사는 미국의 2배인 7만7000명이다. '천인(千人) 계획' 아래 해외의 중국계 인재도 끌어모으고 있다. 이경일 솔트룩스 대표는 "중국에 기회가 많아서 70%가 돌아온다"고 했다. 뉴욕타임스(NYT) 칼럼니스트인 토머스 프리드먼의 "나는 미래를 보았다. 미래는 미국에 있지 않았다"는 토로가 과장이 아니었다.

미·중 패권경쟁의 승부처는 첨단 AI 경쟁이다. 안면인식 분야 대표 기업 센스타임의 쉬리 CEO는 "AI는 혁명의 도구"라고 했다. 산업혁명·전기혁명·인터넷 혁명의 낙오자였지만 이번에는 승자가 되겠다는 결의가 보인다. 중국은 AI 종합경쟁력에서 아직 미국에 밀린다. 중국은 'AI+'로 불리는 'AI와 다양한 산업 분야의 결합'에 들어갔다. 미국의 제재에 맞서 우회로를 열어가는 전략이다. 자립을 강요받는 위기에서 정부가 혁신의 주체가 되고 기업과 인민이 하나로 움직이는 독특한 구조를 만들어냈다. 기술친화적인 14억 인구는 일상 속에서 AI가 스며든 제품을 사용하면서 무시무시한 속도로 데이터를 쏟아낸다. 그 데이터는 다시 AI+의 강력한 원동력이 되고 있다. AI+의 대상은 제조업(로봇)·금융·의료·교육 등 전방위적이다. 나라 전체가

AI 혁명의 실험장이다. 노벨경제학상 수상자인 에드먼드 펠프스 컬럼비아대 교수의 "미국은 실리콘밸리에서만 혁신하는데 중국은 전국에서 한다"는 말이 실감 난다. 무섭다.

중국이 더 무서운 것은 스스로의 결핍을 정확히 알고 있다는 사실이다. 중국은 미국에 비해 기초과학 연구가 취약하다. 화웨이 창업자 런정페이 회장은 "이론 없이는 돌파구도 없고, 미국을 따라잡을 수도 없다"고 했다. 지난해 화웨이 연구개발(R&D) 투자액은 1800억 위안(약 34조2000억원)인데 3분의 1인 600억 위안은 기초 연구에 투입됐다.

중국 지도자들은 늘 공부한다. 마오쩌둥은 죽기 직전까지 책을 읽었다. "노동자도 없는데 사회주의 혁명을 할 수 있겠어?"라는 조롱을 받자 목숨 걸고 독서와 토론에 매달렸다. 마르크스·엥겔스·레닌의 경전(經典)에 없던 농민혁명에 성공했다. 당 간부들은 지금도 40일마다 집체교육을 통해 AI와 양자역학을 공부한다. 공허한 이론에 현실을 가두지 않고, 없는 길을 만들어내는 DNA가 중국식 AI 혁명을 탄생시켰다. 미국의 강력한 제재를 뚫고 탄생한 딥시크가 입증했다.

세계 드론 시장을 석권한 DJI는 홍콩 대학생이 캠퍼스에서 드론을 날리다 창업한 회사다. KAIST 운동장에서 드론을 날리려면 경찰에 신고하고 한 달을 기다려야 한다. 저장대 주추궈 교수가 창업한 딥로보틱스 기술은 한국에도 있다. 중국 정부는 이 회사 소방로봇을 구매해 성장시켰다. 한국에선 어림도 없다. 우리도 규제는 풀고 지원은 확대해야 한다.

김대중 전 대통령은 "산업화에는 뒤졌지만 정보화에는 앞설 수 있다"는 사형수 때부터의 신념으로 디지털 혁명을 성공시켰다. 초고

속인터넷 세계 1위, 최고의 정보기술 강국을 만들었다. 지구상에서 제조업 전 분야를 잘하는 나라는 한국과 중국뿐이다. 이재명 정부는 혁신 생태계를 구축해 제조업과 결합한 피지컬 AI, K의료·식품·문화와 결합한 버티컬 AI로 승부해야 한다. 생산성을 높이면 인구·노동 부족과 높은 인건비도 해결할 수 있다. 이공계 인재를 파격적으로 대우해서 세계 어디에도 없는 망국적 '의대 몰빵'을 끝내야 한다.

2017년 바둑 황제 커제가 알파고에 세 판을 모두 지고 눈물을 흘렸다. 그러나 중국은 수개월 만에 공격적인 AI 전략을 발표했다. 2016년 이세돌이 1승 4패를 했지만 한국에서는 아무 일도 벌어지지 않았다. 땅을 칠 일이다. 중국 AI 혁명은 충격이지만 우리가 잘하면 경제를 살릴 기회이고 축복이 된다. 이 대통령은 AI 3대 강국을 목표로 제시했다. 우리도 사활을 걸어야 한다. 아차하면 코리아 피크는 예정된 미래가 된다.

김병

정병서
S2.3

관련 칼럼 ②

향후 5년간 AI 전환 프로젝트에 국가 미래 달렸다

중앙일보, 2025년 7월 8일, 종합 26면

이광형 KAIST 총장, 국가지식재산위원회 공동위원장

현재 우리 대한민국의 위기 요인은 크게 세 가지로 요약해 볼 수 있다. 첫째는 제조 경쟁력의 하락이다. 우리나라는 대표적인 제조 국가다. 그런데 중국의 추격으로 위기에 처해 있다. 중국의 기술 약진도 무섭지만, 저임금 공격이 더 강하다. 둘째는 인구 감소다. 출산율의 급격한 감소는 초고령사회로 이어지고 있다. 경제활동 인구는 줄어들고 부양해야 할 인구는 늘어난다. 셋째 위기는 실업 문제다. 실업률은 내려가지 않고 청년 실업자가 26만 명에 이르고 있다. 제조 경쟁력이 저하되는 가운데 실업률은 더 악화될 가능성이 있다. 실업률이 높으면 범죄가 늘고 사회는 불안해진다.

새롭게 출발한 이재명 정부는 AI(인공지능) 강국 실현을 국가의 주요 정책으로 내세우고 있다. 100조원을 투자해서 국가 전체를 AI 국가로 바꾸고, 세계 3대 AI 국가로 만들겠다는 전략이다. 매우 타당하고 시의적절한 정책이라 생각한다. 그동안 사실 우리나라는 세계 AI 경쟁에서 그다지 존재감을 보이지 못해 왔다. 우리에게 주어진 마지막 기회라 생각된다. 이 기회를 놓치면 다음에 언제 다시 올지 모른다. 이번 기회를 활용하여 사회 전반을 국가 개조 수준으로 혁신해야 한다.

AI는 국가의 모든 것을 결정

우리가 이미 알고 있듯이 AI는 이제 단순한 기술이 아니다. 산업·경제·문화·국방 모두를 지배하는 도구가 되고 있다. AI를 이용하여 국가 산업과 서비스를 효율화하고, 국가 경쟁력을 높여야 한다. 우리 경쟁국들이 모두 AI로 산업 경쟁력을 올리기 위해서 노력을 집중하고 있다. 여기서 밀리면 경쟁에서 낙오하여 AI 후진국으로 전락하게 된다.

과거 30년 전에 전 세계에는 디지털 혁명의 물결이 밀려왔다. 이때 김대중 정부는 '산업화에서는 늦었지만, 정보화에서는 앞서가자'라는 캐치프레이즈를 내걸고 디지털 전환에 집중했다. 당시 국제통

화기금(IMF) 외환위기 속에서 출발한 김대중 정부는 컴퓨터를 값싸게 만들어 초·중·고교에 보급하고, 전국을 초고속 통신망으로 연결했다. 모든 국민이 컴퓨터와 인터넷을 사용하게 했다. 이러한 디지털 물결에 올라탄 우리나라는 오늘의 디지털 선진국이 되어 있다.

하지만 이때 모든 나라가 디지털 전환에 성공한 것은 아니었다. 그 당시 우리보다 유리한 위치에 있던 일본·영국·프랑스·독일은 디지털 전환을 이루어내지 못했다. 그 결과 이들 나라는 디지털 혁명에 낙오하여 산업과 사회 시스템의 경쟁력이 약화되기 시작했다. 우리는 검색할 때 네이버를 사용하고, 소셜네트워크서비스(SNS)를 사용할 때는 카카오를 사용하고, 물건을 살 때는 쿠팡을 사용하고, 운전할 때는 티맵을 사용한다. 그러나 앞에 언급한 국가들은 미국의 구글(검색)이나 페이스북(SNS)·아마존(온라인 쇼핑)·구글맵(자동차 운전) 등을 사용한다. 이것이 디지털 식민지가 아니고 무엇이겠는가?

독자적 AI 모델 개발의 중요성

앞으로 펼쳐질 AI 세상에서도 마찬가지 일이 벌어질 것이다. 우리가 지금 잘 대응하면 AI 독립국이 되지만, 그렇지 않으면 AI 식민지로 전락하게 될 것이다. 사실 그동안 우리나라는 독자적인 AI 모델을 가질 것인지, 아니면 외국이 만들어 놓은 AI를 이용하여 그 위에서 비즈니스를 일으키는 것이 좋은지 갑론을박 논란이 있었다.

그런데 새 정부는 이를 명확히 해주었다. 소버린 AI로 대표되는 독자적인 AI 개발로 방향을 잡았다. 우리 고유의 AI 모델을 만들고, 그 위에서 응용 비즈니스 사업을 펼쳐 나가는 전략이다. 아주 현명한 결정이라고 생각한다. 응용에는 외국 AI를 사용해도 되는 것이 있지만, 외국 것에 의존할 수 없는 것들이 있다. 국방과 교육이 그것들이다. 미래 전쟁에서 작전사령부는 AI가 맡을 것이다. 인간이 전쟁 상황을 파악하고 작전을 결정하는 시대는 이미 지나갔다. 국방 AI는 외국이 대신해 줄 수 없다.

교육은 미래 국민을 만드는 일이다. 앞으로는 AI가 교과서가 되고, AI가 교사 역할을 할 것이다. 외국 AI를 이용하여 교육하면 학생의 머릿속은 외국인으로 변해갈 것이다. 얼굴은 한국인이지만 머릿속에는 외국의 정신이 자리 잡게 된다.

AI 인력 대폭 양성해야

정부의 AI 정책에 맞추어 대학이 해야 할 일을 생각해 본다. 첫째, AI 인력을 대폭 양성해야 한다. 양성 규모를 기존에 하는 것보다 두 배 이상으로 늘려서 길러내야 한다. AI 선진국이라 할 수 있는 미국과 중국의 AI 연구 인력은 우리와 비교도 되지 않을 정도로 많다. 특히 중국은 연간 500만 명의 이공계 인력이 배출되고 있으며, 그중에 상당수가 AI 인력이다. 중국은 초·중·고교에서부터 수학 영재반을 운영하여 AI 영재를 대폭으로 기르고 있다. AI 기술은 수학이 기본이기 때문에 수학 공부는 AI 공부를 하는 것과 마찬가지다. 우리나라의 영재교육 프로그램을 대폭 확대해야 한다.

각 대학에 있는 AI 학과 또는 대학원에서는 입학 정원을 두 배로 늘려서 교육해야 한다. AI 교육 중에서 AI 응용 분야에 비중을 좀 더 두면 좋을 것 같다. 한국의 제조업을 살리기 위해서는 AI를 제조 현장에 적용하는 교육이 필요하다. 그러기 위해서는 AI와 제조 공정을 함께 가르쳐야 한다. 예를 들어서 AI 활용은 모든 학생에게 기본으로 하고 기계·화공·전자·바이오 공정에서 경험을 쌓게 한다. 학생들이 현장 문제에 도전하여 해결하면 그 사례를 전파하여 유사 업종의 회사가 활용하게 한다. 학사·석사 과정의 학생들이 해결하지 못한 문제는 박사 과정 학생들이 해결하게 한다.

둘째로 대학은 AI 연구센터를 설립하여 제조 현장의 문제 해결을 본격적으로 지원한다. 이 연구센터는 AI로 효율을 높일 수 있는 아이디어를 발굴하고, 이를 실현하기 위한 연구과제를 만들어 추진한다. 대학과 제조 현장을 연결하기 위해 AI 적용에 관심 있는 회사들을 컨소시엄 형태로 모집하여 연결하고 있어야 한다. 학생들에게 실용적인 교육을 하기 위해서는 AI 학과 졸업생의 졸업 논문은 현장 문제 해결로 대신하게 한다. 이를 위해서 졸업을 위한 마지막 학년은 학생들이 학교에 가지 말고 아예 회사로 출근하게 한다. 이런 식으로 몇 년간 계속하면 제조 현장은 AI 전환이 되어 생산성이 올라가고 우리나라 제조 경쟁력도 올라갈 것이다.

응용 앱 개발로 생태계 조성

셋째로 AI 창업을 위해서 AI 창업지원센터를 설립하여 학생과 교수 창업을 열심히 지원해야 한다. 모든 연구는 사업화를 통해서 부를 창출하고 일자리가 만들어지며 큰 보람을 얻는다. 그리고 AI 관련 회사가 많이 성장해야 AI 생태계가 형성되어 시너지 효과가 나온다. AI 생태계를 형성하기 위해서는 과거 25년 전에 디지털 전환 성공 사례를 참고하면 좋을 것이다. 정부는 그 당시에 인터넷 응용소프트웨어(앱)를 개발하는 기업에 3000만~4000만원씩 나눠줬다. 그러나 그 앱들은 대부분 사용되지 못하고 사장되어 버렸다. 그래도 그중에 몇 개가 살아서 오늘날 인터넷 생태계를 형성하고 있다.

이번에도 AI 응용 앱을 개발하는 회사들에 돈을 주면 좋겠다. 매년 약 2000개의 회사를 선정한다. 회사당 5000만원을 지급하면 1000억원이 든다. 이렇게 매년 2000개의 AI 앱이 나오면 그중에 10%인 약 200개만 살아남는다. 이렇게 5년을 지속하면 1000개의 AI 앱이 살아남아 AI 생태계를 형성하게 될 것이다.

필자는 앞으로 5년이 대한민국의 미래를 좌우하는 결정적 시간이 될 것이라 생각한다. AI 전환 프로젝트를 충실하게 수행하면 제조 현장의 생산 효율이 되살아나고 국제 경쟁력을 확보하게 된다. 제조 경쟁력이 올라가면 일자리는 늘어난다. 또한 제조 분야뿐 아니라 서비스와 건강관리 분야에도 AI가 적용되면 효율이 올라가 일자리가 늘어난다.

그리고 우리나라는 인구 감소 문제가 심각하다. 하지만 사회 전체가 AI 전환이 이루어지면 일자리가 감소하여 유휴 인력이 늘어날 가능성이 있다. 일자리가 줄어들어도 인구가 감소하기 때문에 어느 정도 상쇄될 것이다. 결국 AI 강국이 되면 제조업의 경쟁력이 살아나고, 실업 문제도 해결되고, 인구 감소의 문제도 많이 해소될 것이라고 생각한다. 이러한 일의 중요한 부분을 대학이 감당할 수 있을 것이라 생각하니 가슴이 뛴다.

관련 칼럼 ③

'AI 기술'보다 더 중요한 'AI 거버넌스'

중앙일보, 2025년 7월 9일, 종합 31면

염재호
태재대학교 총장

1970년 11월 18일 오클랜드 트리뷴지는 미국 경제개발청이 추진한 오클랜드 항만 개발사업이 실패로 끝났다고 보도했다. 경제개발청이 오클랜드 해군기지와 항만을 개발하여 이 지역의 실업자들에게 일자리를 마련해주려고 했지만 실패했다는 것이다.

버클리 대학의 윌답스키(A.Wildavsky) 교수와 프레스만(J.Pressman) 교수는 이를 『집행론(Implementation)』이라는 책을 통해 잘 분석했다. 실패 요인은 다양한 이해관계자가 정책 결정 과정에는 찬성했지만 정책 집행 과정에서는 소극적이어서 결국 의도했던 정책 결과가 나타나지 않았다는 것이다. 따라서 정책을 결정하고 추진할 때에는 집행과정의 문제를 사전에 고려해서 디자인해야 한다는 이론적 함의를 이끌어냈다.

AI의 등장은 마치 콜럼버스의 신대륙 발견처럼 인류 문명사에 새로운 지평을 펼쳐준다. 인간지능과 인공지능이 공진화하게 되면 인류 문명은 획기적으로 바뀐다. 구글의 레이 커즈와일(Ray Kurzweil)은 2029년이 되면 인간 지성을 초월하는 AI의 등장이 가능하고, 2045년경에는 초지성(super intelligence)으로 인류 문명사는 특이점에 도달한다고 예견한다.

AI 국가전략으로는 세 가지 요소를 꼽는다. 하나는 AI 구현을 위해 수만 개의 GPU를 장착한 컴퓨팅센터이고, 다른 하나는 AI 기술 개발과 운영을 담당할 인재이고, 또 다른 하나는 AI 학습을 위한 데이터이다. 미국은 스타게이트 프로젝트를 통해 오픈AI, 소프트뱅크, 오라클이 730조원을 투자하는 컴퓨팅센터를 구축한다. AI 개발에 소극적이었던 EU도 AI 인프라 구축 프로젝트에 300조원을 투자하고, 프랑스도 AI데이터센터에 163조원을 투자한다. 싱가포르는 국내외 불문하고 AI대학원 박사과정 학생에게 매달 670만원의 생활비를 지불한다고 대대적 모집 광고를 냈다. 개인정보보호에서 자유로운 중국은 다양한 빅 데이터를 활용하여 고성능 AI 모델인 딥시크를 구현해냈다. 이제 우리 정부도 소버린 AI를 개발하기 위해 100조원의 예산을 투입하여 AI 컴퓨팅센터를 구축한다고 한다.

지난주 한반도평화오디세이의 일원으로 중국 상해와 항주의 AI와 로봇 첨단기업들과 딥시크 개발의 원류인 저장(浙江)대학을 방문했다. 이들 기업 중 한 곳에서 흥미로운 이야기를 들었다. AI 개발에 필요한 세 가지 요소인 컴퓨팅 파워, 인재, 데이터보다 더 중요한 것이 AI 거버넌스라는 것이다. 즉 기술적 요소보다 사회적 요인이 더 중요하다는 것이다.

오늘의 사회 시스템은 20세기 대량생산체제의 산물이다. 대량생산체제는 세분화되고 표준화된 업무를 반복적으로 수행하여 효율성을 높였다. 또한 규모의 경제로 전체 효율성을 높일 수 있기에 조직은 대형화되었다. 따라서 제조업 생산뿐 아니라 이를 관리하는 인사, 조직, 재무 등 사무직 업무도 확대되고 관료제화되었다. 이제는 관료제화된 많은 일은 AI가 쉽게 대체할 수 있고, 제조 공정의 일들은 로봇이 대체할 수 있게 된다. 이러한 현상은 법률, 의료, 금융, 교육, 예술 등 사회 각 분야에서 나타나게 될 것이다.

AI 국가경쟁력은 AI 기술 자체보다 AI 활용에 달려있다. 기존 사회시스템이나 업무를 AI로 대체하면 노동시간은 줄어들고 일의 양상은 단순반복적 일에서 창의적인 일로 바뀌어 생산성과 효율성이 증대된다. 이를 위해서는 모든 분야에서 AI를 활용하려는 의지가 있어야 하고 기존 업무 관련 데이터를 AI에게 학습시켜야 한다. 기존의 일을 AI가 대체하는 것을 거부하고 데이터를 제공하지 않으면 AI 활용은 무의미해진다.

예를 들어 의료보험제도가 발전된 우리나라는 전 국민의 의료 데이터가 잘 갖추어져 있지만 각 병원이 의료 데이터를 개인정보보호를 이유로 공개를 거부하면 의료 AI의 개발은 어려워진다. 법률 데이터도 모든 판례가 디지털 정보로 저장되어 있지만 법조인만 접근이 가능하면 판례 분석 AI 개발은 불가능하다. 제조업에서도 기업들이 정보유출을 두려워하여 데이터를 제공하지 않으면 효율성과 생산성을 높여줄 제조용 AI 개발은 어렵게 된다.

따라서 AI 컴퓨팅 센터, AI 인재, 데이터도 중요하지만 이보다 더 중요한 것이 AI가 기존의 데이터를 자유롭게 학습하도록 AI 거버넌스를 구축해야 한다. 미국과 중국이 AI 경쟁력을 높일 수 있는 것은 이런 거버넌스를 구축했기 때문이다. 자유로운 데이터 접근을 막게 되면 아무리 좋은 컴퓨팅 센터나 소버린 LLM모델을 구축했다고 하더라도 그림의 떡에 불과하다. 실용주의 정부를 표방하고 AI로 국가경쟁력을 높이려는 새 정부에서 선행해야 할 전략은 새로운 AI 거버넌스를 구축하는 일이다. AI가 현장에서 효율적으로 활용될 수 있도록 기득권의 이해관계를 제거하는 정책을 설계하지 않으면 AI에 대한 막대한 투자는 그 효용이 무의미해지기 때문이다.

BrainCo
脑机科技 开启生命更多可能性

尹永寬
洪錫炫
尹炳世
邱国强

김용학

관련 칼럼 ④

한국의 첨단 제조업 어떻게 살릴까

중앙일보, 2025년 7월 16일, 종합 31면

김병연 서울대
석좌교수 경제학부

첨단 제조업은 한국의 먹거리이자 살 거리다. 경제 성장의 동력이며 지정학 혼란기의 버팀목이다. 한국이 반도체·조선·방산·자동차·바이오 등 첨단 제조업의 중심국이 아니라면 이 위험한 시대를 무엇으로 헤쳐갈 수 있을까. TSMC라는 기업이 대만 안보의 핵심이듯 한국 안보의 중추는 첨단 제조업이다. 미국이 '제2의 애치슨라인'을 긋지 않고, 중국이 한국을 미국 중심의 공급망에서 떼어놓으려는 노력도 이와 무관하지 않아 보인다. 그런데 이대로 가면 한국의 제조업은 몰락한다. 한국도 같이 무너진다.

한국의 첨단 제조업은 공동화의 위기에 처했다. 중국의 기술력은 한국 추격을 거의 끝냈거나 이미 추월하기 시작했다. 막대한 '규모의 경제' 덕택에 생산 단가가 낮다. 세계 최고 수준의 제조업 생태계가 갖춰져 있는 데다 인력도 풍부하다. 중국의 이공계 학부 졸업생 숫자는 미국의 4배 이상이며 OECD 회원국 전체에서 배출되는 이공계 인력보다 많다. 미국의 정책도 큰 도전이다. 경제 안보와 중산층 육성을 위해 첨단 제조업이 절실한 미국은 관세라는 수단을 써서라도 한국 기업을 국내에 유치하려 한다. 한국 제조업이 미·중의 협공에 직면한 셈이다.

한국 정치와 정책은 거꾸로 간다. 부가가치 기준 한국의 국민소득 대비 제조업 비중은 2010년대 초 28%에서 2023년 24%로 하락했다. 반면 대만은 제조업 비중이 같은 기간 25%에서 31%로 증가했다. 일인당 국민소득이 증가하면 제조업 비중이 감소하는 현상이 일반적이지만 대만은 이 추세를 뒤엎었다. 우리는 젊은 인구가 급속히 줄고 이공계 기피 현상과 인재 유출이 극심한 데도 정책은 역주행이다. 여당은 연구개발 인력을 대상으로 주 52시간 근로시간 제한을 완화해 달라는 기업의 요청을 거절한 데 더해 주 4일 근로제까지 논의하고 있다. 또 '서울대 10개 만들기'라는 예산 낭비가 확연히 보이는 희귀한 정책을 펴려 한다.

첨단 제조업을 위기에서 구할 대전략이 나와야 한다. 먼저 대학과 기업의 발을 묶는 족쇄부터 풀어야 한다. 한국 교수는 선진국에는 없는 각종 규제로 쓸모없는 일에 너무 많은 시간을 허비해야 한다. 정부와 정치는 사회주의식 통제로 대학의 손발을 묶은 다음 세계로 나가 자본주의 대학들과 뜀박질하라고 요구한다. 대학마저 이럴진대 기업에 대한 규제는 얼마나 심할까. '첨단 산업 구하기'는 연구개발 인력에 한정해 한시적으로라도 주 52시간 근로시간 제한을 완화하는 데서 시작해야 한다.

'지역 거점 국립대의 서울대 만들기'를 굳이 한다면 이공계에 집중해야 한다. 그 대학에서 가장 경쟁력 있고 지역의 산업 생태계와 밀접한 관련이 있는 이공계 학과에 재원을 집중하되 탁월한 교수를 파격적인 연봉으로 초빙하는 데 중점을 둬야 한다. 뛰어나고 헌신적인 교수가 인재를 만든다. 그동안의 지방 대학 육성 정책은 좋은 교수를 초빙하기보다 재원을 학생들에게 나눠줬기 때문에 실패했다. 앞길이 창창한 학생들이 수천만 원의 장학금 때문에 수억 원의 평생

소득 차이를 낼 수 있는 서울 소재 대학의 진학을 포기하고 지방 대학에 남으려 하겠나.

산업 정책의 초점을 첨단 제조업과 인공지능(AI)의 결합에 맞춰야 한다. 첨단 반도체 산업을 제외하고 대량생산 경쟁에서 중국을 이길 나라는 없다. 대신 고부가가치의 틈새시장을 공략하는 산업 맞춤형 AI 전략을 펴야 한다. 이를 위해 첨단 산업 현장의 데이터를 모아 AI 학습에 이용하고 이를 다시 산업에 적용해 생산성을 끌어올려야 한다. 숙련공의 고령화로 시간이 별로 없다. 은퇴 이전에 이들의 노하우를 AI로 이식하지 못하면 기회는 사라진다. 기업 비밀의 노출을 우려하여 공공 플랫폼에 필요한 데이터 제공을 꺼리는 기업에는 과감한 인센티브를 줄 필요도 있다.

우리 대외전략의 핵심도 첨단 제조업 살리기에 두어야 한다. 미국과의 관세 협상에서도 첨단 산업의 공급망 강화를 주요 의제로 삼아야 한다. 미국은 설계, 한국은 생산이라는 기존의 효율적인 분업 구조를 큰 틀에서 유지하는 전략이 중국 대응에 효과적임을 알릴 필요가 있다. 생산 원가가 높은 미국이 첨단 제품을 직접 생산할 경우 오히려 중국의 가격경쟁력만 높여 세계시장을 더 내어주는 역효과를 낳는다. 이 설득이 통하지 않는다면 한국 첨단 산업의 추가적인 대미 투자보다 미국산 무기나 에너지를 더 수입하는 편이 낫다. 그리고 국민개병제인 한국의 국방비를 모병제 국가와 일률적으로 비교할 수 없음을 설명해야 한다. 만약 모병제로 전환한다면 한국의 국내총생산 대비 국방비 지출은 0.5% 포인트 이상 늘어난다. 무엇보다 한국은 누구의 아들이든 예외 없이 국방의 의무를 감당하는, '호국의 기백'이 살아있는 나라다. 한미 정상회담을 조속히 개최해 트럼프 대통령에게 자유를 지키려는 한국인의 의지는 미국 못지않게 강함을 알려야 한다.

이광형
Lee Kwang-hyung
이철규

윤태성
Yoon Tae-sung

관련 칼럼 ⑤

'린치핀 기술' 없으면 기술 주권도 없다

중앙일보, 2025년 8월 11일, 종합 29면

임종인 고려대 정보보호 대학원 명예교수·전 대통령 사이버 특보

중국의 기술 굴기가 거대한 파도처럼 밀려오고 있다. 상하이 외곽 축구장 225개 규모의 화웨이 R&D 센터, GPT-4에 필적하는 딥시크 인공지능(AI)의 등장은 '중국 제조 2025'가 더는 청사진이 아님을 보여준다. 특히 화웨이의 AI 칩 '어센드(Ascend)' 시리즈의 약진은 중국의 기술 자립 의지가 얼마나 전략적인지를 드러낸다.

더욱 주목할 점은 딥시크가 단순한 민간 기술이 아닌, 사실상 '국가전략자산'으로 지정돼 핵심 개발자의 이직 제한과 여권 통제 등 기밀 수

준의 관리 하에 있다는 사실이다. 이는 AI 기술을 자동차·통신·금융·국방 등 전 분야에 활용해 사회 시스템 전체를 지능화하려는 국가 전략의 일환이다. 중국의 야망은 지상에 머물지 않는다. '삼체 컴퓨팅 성좌'는 우주 공간에 수퍼컴퓨터를 설치하려는 시도다. 이는 단순한 기술 추격이 아니라, 기존 질서와는 다른 '평행 우주'를 창조하고 자신들만의 규칙으로 새로운 게임을 시작하려는 선언이다.

이 거대한 지각변동 속에서 우리는 미·중 양 진영의 '전략적 집게발'에 갇혀 있다. 한쪽에서는 중국의 기술 자립이 반도체·배터리·스마트폰 등 우리의 주력 산업을 잠식하고 있다. 화웨이는 어센드 칩, 하모니OS(운영시스템), 클라우드를 묶은 '레드테크' 생태계를 통해 자립하고 있고, 한국 기업은 설 자리를 잃고 있다. 삼성 스마트폰의 중국 점유율이 1% 이하로 떨어진 것은 변화의 서막일 뿐이다.

다른 한쪽에서는 미국이 인플레이션 감축법(IRA), 반도체법 등을 통해 중국과의 '디커플링'을 압박한다. 희토류·흑연 등 핵심 광물의 대중 의존도가 높은 한국으로선 산업의 숨통이 조여지는 형국이다. 요소수 사태에서 보듯, 중국이 공급망을 무기화할 수 있다는 리스크와 미국의 압박 사이에서 우리는 전략적 자율성까지 위협받고 있다. 이제 '전략적 모호성'이라는 낡은 외투는 벗어야 한다. 생존의 길은 단 하나, 누구도 한국을 배제할 수 없게 만드는 '전략적 불가결성'을 확보하는 것, 즉 기술 주권이다.

첫째, 초격차 전략을 전략적 린치핀(linchpin) 전략으로 진화시켜야 한다. 단순한 기술 우위가 아니라, 미국과 중국 모두 대체 불가능한 핵심 기술의 독점적 공급자가 돼야 한다. 정부가 선정한 12대 전략기술에 분산 투자하기보다는 AI 반도체의 심장인 차세대 고대역폭메모리(HBM), 무기발광 디스플레이, 전고체 배터리 등 특정 린치핀 기술에 집중해야 한다. 그래야 양쪽 생태계 모두에 필수적인 존재가 될 수 있다.

둘째, 시스템 아키텍처와 소프트웨어 생태계 구축에 사활을 걸어야 한다. 화웨이의 어센드는 개별 성능보다 클러스터 기술과 소프트웨어 최적화로 전체 성능을 극대화했다. 단일 부품의 초격차만으로는 생존할 수 없다. 메모리 반도체의 우위를 넘어, 이를 연결하는 시스템, 소프트웨어, 플랫폼 역량을 키워야 한다. 엔비디아의 진짜 힘은 하드웨어가 아닌 '쿠다(CUDA)'에 있고, 화웨이는 '칸(CANN)'을 키우고 있다. 한국형 AI 반도체나 차세대 통신 기술도 이를 뒷받침할 개방적이면서 강력한 소프트웨어 생태계 없이는 세계 시장에서 통하지 않는다.

셋째, 6세대 통신(6G), AI 윤리, 양자 암호통신 등 국제 표준이 미정인 신기술 분야에서 '규칙 제정자'가 되어야 한다. 이러한 기술 주권 전략은 정교한 인재 전략이 뒷받침돼야 한다. 'K테크 패스' 같은 제도를 통해 해외 인재를 유치하는 인바운드 전략과 함께, 우리의 우수 인재를 중국 등 경쟁국으로 파견하는 아웃바운드 전략도 병행해야 한다.

이는 인재들이 칭화대·베이징대·화웨이 등에서 직접 기술을 배우고 경험을 쌓도록 국가가 지원하는 것이다. 이들은 중국 기술 생태계를 깊이 이해하고 미래 협력이나 갈등 완화의 '기술 브리지' 역할을 할 수 있다. 이처럼 현지 언어·문화·기술에 정통한 네트워크는 어떤 외교 채널보다 강력한 자산이 된다.

향후 5년은 한국의 운명을 가를 골든타임이다. 중국은 기술 생태계의 완성을 눈앞에 두고 있고, 미국은 기술 블록을 공고히 하고 있다. 지금 결단하지 않으면 우리는 양 진영 모두로부터 소외될 것이다. 정파를 뛰어넘는 국가적 합의와 담대한 실행, 기술 주권을 향한 결기가 절실한 시점이다.

把数字世界带入每个人、每个家庭、每个组织，
构建万物互联的智能世界
Bring digital to every person, home and organization
for a fully connected, intelligent world

관련 칼럼 ⑥

미·중 AI 패권 경쟁 심화, AI 주권도 전략적 발상 필요

중앙일보, 2025년 8월 15일, 종합 22면

국제정치의 주권 개념과 소버린 AI

김상배 서울대
정치외교학부 교수

광복 80주년이 됐건만 주권 수호에 대한 논란은 여전히 분분하다. 그 사례 중 하나가 인공지능(AI) 분야의 주권 수호를 논하는 '소버린(sovereign) AI'다. 쉽게 말해 소버린 AI는 자주적 AI 역량을 갖자는 논의다. 단순한 기술 자립을 넘어 외국에 구조적으로 의존하지 않는 자주적 AI 생태계를 구축하자는 데까지 논의가 확장되고 있다. 최근 이재명 정부가 100조원 투자를 통해 '국가대표 AI 모델' 개발과 컴퓨팅 인프라 구축 등을 지원한다고 나서면서 탄력을 받고 있다.

소버린 AI의 필요성에 대해서는 의견이 갈린다. 어려운 조건에도 자국산 AI 모델을 독자적으로 개발해야 한다는 '자주론'과 그냥 외산 AI 모델을 들여와 개별 분야에 맞게 적용해서 쓰면 된다는 '편승론'이 맞선다. 전자가 자칫 시대착오적 '디지털 쇄국론'으로 비칠 가능성이 있다면 후자는 외세 의존적 '디지털 매국론'으로 치부될 우려를 안고 있다. 이런 조야한 이분법적 구도의 출현은 '소버린', 즉 주권에 대한 개념적 이해가 부족해서 생기는 것 같다.

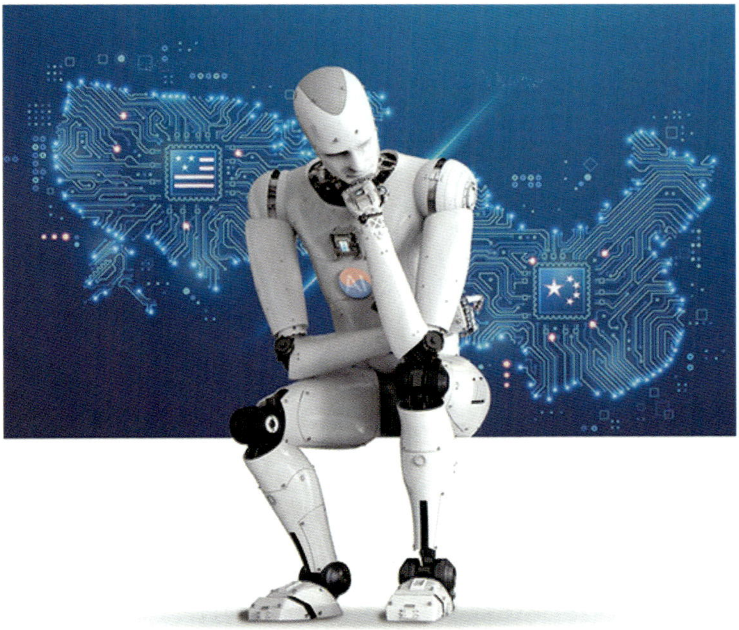

실질적으론 불평등한 국제정치

사실 주권은 국제정치학에서 오랫동안 탐구해 온 개념이다. 주권 개념은 주로 '법·정치적 권위'라는 시각에서 자주·독립으로 이해되지만, 국경을 넘나드는 활동에 대한 '사실상 통제력'과 관념 속에서 구성된 '당위적 정체성'을 더한 세 차원으로 구성된다. 이렇게 보면 근대 국제정치에서 주권 국가들은 형식적으로는 평등하지만, 실질적으로는 불평등한 권력 현실을 감수해야 했다. 강대국들은 패권이라는 형태로 '확장된 주권'을 행사했고, '불완전 주권'을 지닌 약소국들은 '당위적 주권'의 개념에 기대 이에 대항하곤 했다.

최근 근대 주권의 개념은 큰 전환을 겪고 있다. 특히 지구화와 디지털화는 영토 국가를 중심으로 사고하던 주권 논의를 새로운 지평 위에 올려놓았다. 글로벌 경제의 확장과 신흥 안보 위기의 빈발은 일국 차원의 '법·정치적 주권'을 무색하게 만들었고, 다양한 민간 행위자들의 초국경적 활동에 대한 '주권적 통제력'도 약해졌으며, '당위적 관념'으로 이해되던 국가 단위의 정체성도 새롭게 구성되는 모습이다. 이런 주권 개념의 '삼중 전환'은 오늘날 AI 지정학의 현장에서도 진행된다.

미국 AI 생태계에 반기 든 중국

지난달 23일 AI 혁신 가속화와 AI 인프라 구축, 국제 AI 외교·안보 주도 등을 내걸고 발표된 미국의 'AI 액션플랜'은 '확장된 주권'의 개념이 AI 분야에 투영된 사례다. 이른바 '풀스택(full-stack) AI 패키지'의 구상은 중국 견제를 목표로 미국의 AI 생태계를 동맹국들에 부과하려는 패권적 의도를 담고 있다. 과거 미국 기업들이 컴퓨터 운영체계를 장악하여 위세를 떨치던 시절을 연상케 한다. 미래 AI 질서에서도 세계 각국은 '형식적 주권'을 유지하지만, '사실상 통제력'은 미국 빅테크 기업들이 장악하는 상황이 벌어질지 모른다.

이런 미국의 패권적 행보에 중국이 반기를 들었다. 지난달 26일 상하이에서 열린 세계AI대회(WAIC)에서 '중국판 AI 액션플랜'이 발표됐다. 자체 개발한 '오픈소스 AI'를 내세워 글로벌 사우스(Global South)를 돕겠다는 제안이 눈에 띈다. 이를 위해 중국은 개도국들의 '법·정치적 주권'을 옹호하는 글로벌 AI 거버넌스의 구축을 주장했으며 그 일환으로 'AI 분야 유엔'을 연상시키는 세계AI협력기구(WAICO)의 설립을 제안했다. 다른 한편으로는 중국도 '디지털 실크로드' 선상의 개도국들에 대해서 자국의 주권을 확장하려는 '사실상 패권'의 역설적 행보를 펼치고 있다.

이런 와중에 프랑스·인도·싱가포르 등이 소버린 AI 달성을 위해 분주히 나섰다. 미국이 동맹국들을 결속하고 중국이 개도국 진영을 결집하는 틈바구니에서 저마다의 AI 역량과 지정학적 위상을 지렛대 삼아 독자적 AI 공간을 확보하려 시도한다. 그 기저에는 당장 상업적 성공을 거두지 못하더라도 외세에 의한 기술 종속을 떨쳐내고 각국 언어·문화의 고유한 정체성을 지키겠다는 '당위적 주권'의 개념이 깔렸다. 이 연장선에서 소버린 AI를 추구하지만, 역량은 부족한 나라들이 서로 협력하자는 '정체성 연대'의 담론도 커가고 있다.

기반 모델 개발론 대 특화 개발론

한국의 소버린 AI는 어떤 주권 개념을 원용해야 할까? 다양한 진화와 복잡한 전환을 겪고 있는 주권 개념의 어느 한 차원에만 시선을 고정해서는 안 된다. 오히려 세 차원의 주권 개념을 모두 아울러 유연하게 활용하는 전략적 발상이 필요하다. 사실 현재 제기되는 소버린 AI는 아직은 객관적으로 정의할 수 있는 '실증적 개념'이 아니다. 오히려 실천적 지식을 구성하는 제도화된 언술(言述) 체계, 즉 '실천적 담론' 정도로 보는 게 맞다. 실제로 현재 한국의 소버린 AI에는 대략 세 그룹의 담론이 제 나름의 개념을 바탕으로 경합하고 있다.

첫째 '사실상 통제력'의 확보라는 시각에서 볼 때 현재 가장 대표적인 소버린 AI 담론은 '기반 모델 개발론'이다. 한국의 언어와 데이터로 학습한 '한국형 AI 모델'을 처음부터 독자 개발(from-scratch)하고 이에 필요한 컴퓨팅 인프라를 국가적 차원에서 지원한다. 그 결과 개발된 AI 모델을 오픈소스로 공유할 뿐만 아니라 이를 계기로 국내 혁신 주체들의 협업을 활성화하여 자주적 AI 생태계를 구축하자는 주장이다.

이에 대해 기반 모델의 개발보다는 기존의 경쟁력 있는 분야를 '선택'해 '집중'하자는 '특화 AI 개발론'이 각을 세우고 있다. 특정 도메인에 초점을 맞춘 '버티컬(vertical) AI'나 AI를 적용해 제조업을 업그레이드하자는 '피지컬(physical) AI' 등이 거론된다. 이 과정에서 특정 영역에서는 자주적 AI를 추구하더라도 글로벌 협력을 소홀히 해서는 안 된다는 이른바 '투트랙(two-track)' 담론도 제기되고 있다.

안보·국방에 '선별적 제한' 담론도

둘째 '법·정치적 주권'의 행사라는 시각에서 본 소버린 AI 담론이다. 사실상 역량의 차이를 고려해 글로벌 AI 생태계에 접맥할 수밖에 없더라도 외국에 의존해선 안 되는 '전략 분야'에는 주권 수호라는 이름으로 '선별적 제한'을 두자는 담론이다. 예를 들어 안보·국방과 같은 분야는 핵심 AI 역량이 외국의 통제에 놓이면 위험하므로 독자 개발한 모델을 적용해 그 의존도를 최소화하자는 것이다.

'기술의 국적'보다는 '데이터의 국적'을 강조해야 한다는 '소버린 데이터' 담론도 제기된다. 자국민의 데이터가 외국 기업의 서버에 저장·처리되는 것은 단순한 프라이버시 문제가 아니라 국가안보 문제라는 인식이다. 외산 AI 모델을 사용해서라도 실질적인 '소버린 효과'를 얻는 것이 더 중요하므로 이를 위해 고품질 데이터를 주도적으로 통제·관리해 AI 학습에 필요한 데이터 인프라를 자주적으로 구성하자는 것이다.

끝으로 '당위적 정체성'의 모색이라는 시각에서 본 소버린 AI 담론은 한국의 언어·문화·가치관을 반영한 AI 모델 개발의 필요성을 강조한다. 주로 영어권에 편향된 데이터를 학습한 글로벌 AI 모델은 역사적으로 이어온 비영어권 국가들의 고유한 언어·문화적 정체성을 반영하지 못한다는 것이다. 따라서 각국의 언어·문화 주권의 공간을 지키기 위한 소버린 AI의 기술 및 데이터 역량 확보가 중요하게 된다.

중견국으로서 한국의 역할 주목

그런데 소버린 AI의 개발 의지는 있어도 정작 이를 구현할 기술력을 가진 나라가 몇 안 된다는 점이 문제다. 이 대목에서 소버린 AI의 의지와 '풀스택 AI 역량'을 동시에 갖춘 한국과 같은 나라의 중견국으로서 국제적 역할이 주목받는다. 신뢰할 만한 파트너를 찾고 있는 국가들과 연대하는 차원에서 한국이 개발한 소버린 AI 모델을 수출할 수 있으리라는 것이다.

이렇듯 현재 국내의 소버린 AI 담론들은 모두 각기 다른 주권 개념을 바탕으로 각기 다른 전략 방향을 제시하고 있다. 이들의 처방은 모두 부분적 유용성이 있지만, 오늘날 주권 전환의 복잡성을 고려하면 그 어느 하나만으로는 가능하지도 않고 바람직하지도 않으며 간혹 서로 충돌할 수도 있다. 결국 관건은 분야별로 분분한 소버린 AI

담론을 유연하게 엮어 국가적 차원의 실천 전략으로 승화시키는 데 있다. 이를 위해 지금보다 좀 더 복합적인 주권 개념을 실천적 구심점으로 삼는 인식의 전환이 필요하다.

관련 칼럼 ⑦

"바보야, 문제는 인재 확보야"

중앙일보, 2025년 8월 22일, 종합 31면

오세정 서울대학교
물리천문학부
명예교수·전 총장

최근의 딥시크 충격은 많은 사람에게 중국의 인공지능(AI) 굴기를 실감 나게 해주었다. 그러나 지금 중국은 AI 분야에서만 기술력이 뛰어난 것이 아니다. 철강, 석유화학, 조선 등 우리나라의 제조업 대부분이 중국의 위협에 시달리고 있다. 물론 반도체처럼 한국이 가까스로 격차를 유지하는 분야도 있지만, 과거 '대륙의 실수'라고 웃어넘기던 일이 이제는 '대륙의 실력'으로 우리를 위협하고 있다. 역사를 돌아보면 2차 세계대전 이후 막강하던 미국 제조업은 일본에 주도권을 넘겨주었고, 일본은 디지털 전환 시대에 한국에 많은 분야를 내어주었는데, 이제 한국이 중국에 제조업의 주도권을 빼앗길 위험에 처한 상황이다. 그러나 우리나라는 제조업의 우위를 빼앗긴다면 세계 경제에서 살아남기 어려울 것이다.

그러면 중국의 위협에 어떻게 대처해야 하나? 아마도 모범답안은 기술력 향상을 통해 고부가가치 분야에 집중하는 것일 것이다. 한국 조선업이 LNG 운반선 등 높은 기술력이 필요한 분야에 집중하여 중국의 물량 공세에 대응하는 일이 좋은 예라고 볼 수 있다. 그런데 기술력은 결국 사람에게서 나온다. 즉 제조업 경쟁력은 연구개발 인력의 우수성에서 나온다는 말이다.

LCD 산업 주도권이 일본으로부터 한국으로 넘어오는 과정은 이를 잘 보여준다. 사실 1990년대까지 LCD 분야의 기술력이나 생산량에서 일본은 감히 넘볼 수 없는 세계 최강이었다. 그러다가 1990년대 후반 한국기업들이 LCD 산업에 대담하게 투자하여 일본을 추월하게 된다. 당시 대규모 투자를 단행하였던 한국 기업의 경영자에게 "무슨 자신이 있어 그런 위험한 투자를 단행할 수 있었는가"라고 물은 적이 있다. 그분의 대답은 "일본의 기술자들을 보니 모두 노령화되고 있어서 한국의 패기 있는 젊은 연구개발자들이 이길 수 있다고 생각했다"는 것이었다. '최고 경영자의 비전' 같은 대답을 예상하던 필자에게는 기술자의 중요성을 짚은 인상 깊었던 답변이어서 아직도 기억에 남는다.

그런데 불행하게도 지금 한국의 상황이 당시 일본 상황과 비슷해져 가고 있다. 유능한 연구개발 인력은 노령화하고, 젊은이들은 과학기술 분야를 기피하고 있다. 이 문제를 해결하지 않고서는 'AI 3대 강국 도약'이니 '혁신으로 도약하는 산업 르네상스' 같은 국정과제는 공염불이 되기에 십상이다.

먼저 문제의 원인을 살펴보자. 첫째는 인구 감소다. 인구학자인 서울대 조영태 교수의 연구에 의하면, 청년 인구 감소에 따라 앞으로 5~10년 후에는 소위 SKY 대학도 이공계 대학원 학생 수를 채우기 어려울 것으로 예상된다. 실제로 이미 서울대 일부 이공계 전공은 정원을 겨우 채우는 형편이다.

둘째는 극심한 '의대 선호' 현상이다. 한국에서는 많은 학생이 적성과 관계없이 안정된 수입이 보장되는 의대에 들어가려고 하고, 심지어 사교육 시장에 '초등학교 의대 준비반'이 생기고 있다. 최근에는 자신의 관심 분야를 좇아 서울대 이공계에 들어간 학생조차 '의대 입학에 실패한 루저'라는 주위의 시선이 있어 자긍심이 꺾인다고 한다. 이러한 현상은 과학기술자를 최고의 직업으로 여기며, 초등학교 때부터 영재교육 시스템을 통해 뛰어난 이공계 인재를 발굴하는 중국과 너무 다르다.

셋째는 좋은 이공계 일자리의 부족이다. 지금 국내의 이공계 전문가들이 일자리를 찾아 대거 외국으로 나가고 있다. 과학기술정보통신부에 의하면 2013년부터 10년 동안 해외로 나간 이공계 석박사가 9만6000여 명에 이른다고 한다. 과거에는 외국에서 학위를 받더라도 한국으로 귀국하는 사람들이 많았는데, 이제는 거꾸로 된 것이다.

실제로 필자가 2019년 실리콘밸리에서 접한 경험은 충격적이었다. 당시 서울대는 고(故) 김정식 대덕전자 회장님이 쾌척한 500억원을 활용해 인공지능 연구소 설립을 준비하고 있었는데, 실리콘밸리에서 일하는 한국인 과학자들에게 귀국을 권유하였더니 50여 명 참석자 중 단 1명만이 관심을 보였다. 연봉이나 연구 자율성 등 근무조건에서 너무 차이가 난다는 것이었다.

이처럼 지금 우리나라는 이공계 인재를 양성하고 국내에서 활용하는 데 많은 문제가 있다. 이를 해결하기 위해서 우수한 외국인 유학생 유치와 한국에서의 정착 지원, 대학원생의 경제적 지위 보장, 그리고 다양한 능력을 인정하는 대입제도 등이 제안된 바 있다. 또한 배출된 인재의 해외 유출을 막기 위해 성과에 따른 보상 체계 마련, 자유로운 연구 환경, 예측 가능한 정부 정책 등이 실현되어야 할 것이다. 결국 이 문제는 정부 여러 부처와 민간이 함께 노력해야 해결할 수 있고, 국가 차원의 종합적인 대책이 필요하다. 그러나 아쉽게도 그런 노력은 보이지 않는다. 과거 빌 클린턴 미국 대통령이 선거에 활용했던 구호처럼, "문제는 인재 확보야, 바보야"라고 외치고 싶은 심정이다.

관련 칼럼 ⑧

기업가정신,
한국은 식고 중국은 뜨겁다

중앙일보, 2025년 7월 21일, 종합 28면

김동호
중앙일보 논설위원

중국의 비약적 기술 혁신을 지난 15년간 세 차례에 걸쳐 지켜볼 기회가 있었다. 2010년, 2018년, 그리고 2025년이다. 2010년 중국은 광저우 아시안게임을 계기로 아시아 언론사를 초청해 발전상을 소개했다. 당시 중국은 대형 전자 스크린을 선보이며 "우리도 이런 걸 만든다"고 강조했다. "어, 중국이 이런 것도 할 줄 아네"란 정도였지, 놀랄 일은 아니었다. 가전제품을 보여준다며 도착한 곳은 메이더(美的) 본사였다. 초고층 빌딩이 방문객을 압도했고, 내부에 진열된 가전제품은 삼성·LG 제품을 쏙 빼닮아 충격적이었다. 그 무렵 한국에선 중국산 짝퉁 조롱이 웃음꽃을 피웠다. 어쩌다 쓸 만한 전자제품이 나오면 '대륙의 실수'라면서다.

광저우 취재단에게 중국 당국이 선물한 플래시는 무겁고 커서 두고 올까 하다가 성의를 생각해 가져왔다. 어느 휴일, 꺼내 들고 버튼을 눌렀더니 희미한 불빛이 잠시 나오다 꺼졌다. 쓴웃음과 함께 "이래서 짝퉁이구나"란 생각에 처분했다. 그런데 바로 그 무렵 중국 기술 굴기의 서막이 열렸을 줄은 미처 예상하지 못했다.

2018년 다시 중국을 찾을 기회가 있었다. 중국이 1978년 시작한 개혁개방 40주년의 성과를 외부에 과시하는 자리였다. 베이징부터 상하이·광저우·선전까지 3000㎞를 둘러보며 충격과 놀라움에 휩싸였다. 바이트댄스 본사를 방문한 날, 로비에 수백 명이 모여 있길래 물었더니 "월요일마다 입사 면접이 있다"는 답이 돌아왔다. 청년 일자리 구하기가 바늘구멍인 한국과는 비교할 수 없는 역동성이었다. 회사 내부에는 책상마다 공학 기호와 산식을 적은 메모가 널려 있었다. 중국이 지식 기반 경제로 전환하고 있음을 직감했다. 이후 1년도 안 돼 바이트댄스가 개발한 틱톡이 세계적 성공을 거두었고, 회사 방문 당시 예감은 현실이 됐다.

2018년 미국이 중국 견제에 본격적으로 나섰지만, 이미 중국은 자체 혁신 생태계를 구축하고 질적 도약을 시작했다. 2020년 전후 중국은 드론·전기차·휴머노이드 로봇 분야에서 비약적 경쟁력을 확보했다. 이 여파로 BMW는 독일 본사의 공장을 줄였고, 중국에서 현대차의 존재감도 약화하기 시작했다.

짝퉁으로 조롱받던 샤오미는 애플조차 꿈을 접은 고급 전기차를 생산하는 거대 기업으로 성장했다. 중국의 기술 굴기는 화웨이를 중심으로 상전벽해의 성장을 이루고 있다. 화웨이는 스마트폰은 물론 전기차·반도체·클라우드·인공지능(AI)까지 영역을 넓히고 있다.

한국에선 중국의 진전을 보고도 위기감이 없다. 중국에선 기술자가 영웅 대접을 받으며 매년 500만 명의 과학기술 인재를 쏟아내고 있어도 한국은 의대로만 인재가 쏠린다. 그 사이 중국은 AI 기술을 실물에 접목하는 단계로 진입했다. 올해 초 중국의 생성형 AI 딥시크가 등장하면서 한국의 우물 안 개구리 처지는 결정적 고비를 맞고 있다. 21세기 기술 패권을 좌우하는 AI 기술에서 한국이 중국을 추격하는 위치에 서게 되면서다.

지난 7월 초 상하이와 항저우에서 그 현장을 목도했다. 한반도평화만들기 재단의 평화 오디세이 일원으로 딥시크 창업자 량원펑을 배출한 저장대를 비롯해 여러 혁신기업을 방문했다. 뇌파로 조작하는 브레인코의 바이오닉 핸드·풋은 손발 잃은 중국인에게 자유를 주고 있었다. 딥로보틱스의 4족 로봇은 전력 설비와 방재 현장에서 사람을 대신하고 있었다.

무엇이 중국을 이렇게 바꿔 놓았을까. 비결은 명확하다. 정부의 강력한 경제 개발 의지가 중국인의 기업가정신을 자극한 결과다. 이 모델의 원조는 사실 한국이었다. 하지만 지금 한국에서 이 모델은 사실상 무력화됐다. 정치권은 진영 논리에 빠져 반(反)기업·반시장 규제를 끝없이 쏟아낸다. 기업은 규제 울타리에 갇힌 통제 대상이다. 중국은 정부가 철저히 서번트 리더십을 발휘한다. 기술 개발에 장애가 있다면 정부가 앞장서 제거한다. 근로시간도 규정은 있지만, 세계시장에서 우위를 점하기 위해 사실상 자율에 맡긴다.

맥킨지앤컴퍼니는 한국의 20년 저성장이 갈라파고스식 규제와 기업가정신 쇠퇴 때문이라고 진단했다. 암담한 것은 이런 상황에서 중국의 약진과 한국의 쇠퇴 추세가 바뀌기 어려워 보인다는 점이다. 정쟁에 골몰한 한국 정치권의 반기업 규제는 갈수록 심해지고, 중국 당국의 서번트 리더십은 더 강해지고 있기 때문이다. 이제라도 희망을 가지려면 정치권은 국익만 보고 힘을 모아 기업가정신 되살리기에 나서야 한다. 움츠러든 기업을 춤추게 해야, 한국 경제에 다시 길이 열리고 끓는 냄비 속 개구리에서 벗어날 수 있다.

为客户创造
Create Great
实进取
rogress

值
엄윤설
Eum Youn-seol